信息技术理论与应用研究

刘鸿雁　著

辽宁科学技术出版社

·沈阳·

图书在版编目（CIP）数据

信息技术理论与应用研究／刘鸿雁著. —沈阳：辽宁
科学技术出版社，2023.7
ISBN 978-7-5591-3023-5

Ⅰ．①信… Ⅱ．①刘… Ⅲ．①信息技术—研究 Ⅳ.
①G202

中国国家版本馆 CIP 数据核字（2023）第 089930 号

出版发行：辽宁科学技术出版社
　　　　　（地址：沈阳市和平区十一纬路 25 号　邮编：110003）
印 刷 者：辽宁新华印务有限公司
经 销 者：各地新华书店
幅面尺寸：165mm×235mm
印　　张：9.25
字　　数：190 千字
出版时间：2023 年 7 月第 1 版
印刷时间：2023 年 7 月第 1 次印刷
责任编辑：张　珩
封面设计：谷玉杰
版式设计：李红梅
责任校对：王玉宝

书　　号：ISBN 978-7-5591-3023-5
定　　价：78.00 元

联系电话：024-23284626
邮购热线：024-23284502
Http：//www.lnkj.com.cn

前　言

随着互联网技术的日渐成熟与飞速发展，人们也正式进入了一个信息化、数字化的时代。大数据、云计算、区块链、虚拟现实、人工智能等全新的技术已成为科技发展的主流，而数据、信息、信息技术、教育技术、信息素养等也逐渐成为现代人所必须了解和掌握的知识与技能。

在中国共产党第二十次全国代表大会报告中指出了到2035年我国发展的总体目标：经济实力、科技实力、综合国力大幅跃升，人均国内生产总值迈上新的大台阶，达到中等发达国家水平；实现高水平科技自立自强，进入创新型国家前列；建成现代化经济体系，形成新发展格局，基本实现新型工业化、信息化、城镇化、农业现代化；同时还强调推进新型工业化，加快建设制造强国、质量强国、航天强国、交通强国、网络强国、数字中国。这既是一个目标，同时也是对全国人民提出的信息素养要求，继续加快加强教育信息化和信息化教育建设迫在眉睫。

本书旨在以通俗易懂的方式向读者介绍与信息技术相关的理论及具体应用，主要分为信息技术的基本理论、信息技术与信息素养、信息技术与教育改革、信息技术与前沿创新以及信息技术与实践应用等五个部分。

第一章主要介绍信息技术的基本理论，内容包括两个方面：一是数据与信息的概念、特征以及它们之间的关系；二是信息技术的概念、分类及发展趋势等。

第二章主要介绍全球公认的21世纪公民的七大素养之一"信息素养"。信息素养是信息时代每个人都必须具备的基本生存能力，信息素养由四大部分构成：信息知识、信息能力、信息意识与信息道德。其中信息知识是基础，信息能力是核心，信息意识是习惯信息道德则是一切信息素养的保证。要想成为一个有信息素养的人，就必须能够确定何时需要信息，并具备检索、评价和有效使用所需信息的能力。

第三章主要介绍的是信息技术与教育变革的关系，信息技术教育是素质教育的重要组成部分，信息技术对教育有着强有力的支撑作用。信息技术的发展经历了5个阶段，而教育的发展也经历了4次革命，并且每次革命都少不了信息技术的参与，可见信息技术与教育有着源远流长的关系，并互相促进，互相影响。

第四章主要介绍信息技术的创新之路，信息技术的前沿创新非常重要，进入21世纪后，信息呈现爆炸式发展，各行各业都大量出现信息的影子，都离不开信息技术的飞速发展。现在，我们需要的不是稳步缓慢前进，而是高精尖的技术，需要的是最前沿的信息科技。未来世界里人们的生活也将离不开网络，离不开数字，离不开高端信息技术。包括互联网、大数据、云计算、区块链等技术，同时还介绍了两项备受全球瞩目且发展迅猛的信息技术创新应用案例：虚拟现实与人工智能。

第五章主要介绍信息技术在实践中的具体应用，包括资源建设与数据分析等。信息技术中最基础的能力就是获取信息、处理信息的能力，也就是获取资源、进行资源建设的能力。包括网络信息资源、图文类与音视频类资源的获取与建设。同时还介绍了数据分析的原理、目的、类型和过程，以及关联分析法、对比分析法、漏斗分析法、预测分析法、帕列托分析法、聚类分析法等数据分析方法。

虽然科学发展的道路总是充满荆棘，曲折不平，但我们还是要保持不懈努力、不停研究、不断探索的热情；虽然任何人都无法预测信息技术的发展是否能达到既定的目标，科技的发展与人类的命运到底是相融还是相悖，但我们一定坚信，在努力奋斗的途中终归会有收获。

每个部分除了相关理论外，大多附以实例进行详细的解释说明，以求能用最简单的方法提升读者对信息技术理论的深入理解。

本书引用了许多同类书籍、部分期刊及相关网站中的资源，在此对这些图书、期刊及网络知识的作者致以真诚的谢意。

本书在撰写过程中难免出现错谬之处，敬请读者批评指正。

目　录

第一章　信息技术的基本理论

第一节　引言

如果世界没有了物质，那么它将是一个空虚的世界；

如果世界没有了能量，那么它将是一个死寂的世界；

如果世界没有了信息，那么它将是一个混乱的世界！

我们生活的时代是一个信息化、数字化的时代。在这个时代中，充斥人们日常生活的是大量的数据和信息。购物不再是一手交钱一手交货的现金交易，而是手机中一串串变换的数字；阅读不再是置身图书馆中的如痴如醉，而是显示器中一行行跳动的文字；业务往来也不再是东奔西走的忙忙碌碌，而只需手指与键盘之间一次次深思熟虑的撞击……

当你走在大街上，看到 LED 屏上展示的各种飞速变化的数据和信息，同时你的手机、电脑也在不断向你提示各种即时变化的数据和信息，当你只是想在路边摊买一串糖葫芦的时候，商家都要求你用微信或支付宝支付，你是不是突然惊讶地发现：如果你的头脑中不再有任何数据和信息，你将视而不见，听而不闻，你将被这个世界所抛弃！

这就是 21 世纪，一个离不开数据和信息的世纪。在这样一个充满现代气息的时代，每个人都应该学会收集自己所需的数据，都应该学会在海量数据中利用各种技术发现真正能为己所用的信息，并利用这些信息去优化自己的学习、工作和生活。

第二节　数据与信息

一、数据及其发展

（一）数据（data）的概念

在我们的生活中会遇到大量数据，如早上几点起床，今天是星期几，今天的天气如何，今天股市开盘是多少，等等。这些数据是对我们身边事物的一种记录，是整个现实生活的一种体现，数据可以是一个数字、一个图表、一个符号，也可以是数字、字母、符号、图形等的组合。数据所记录的内容包括客观事件的数量、性质、状态以及各种事件之间的相互关系[1]。

通常意义上的数据单指数字，如"0，1，2，3"，但在实际生活当中客观事物的属性、数量、位置及其相互关系都可以用数据表示出来，也就是说，数据其实不仅指狭义上的数字，还可以是具有一定意义的文字、字母、数字符号的组合、图形、图像、视频、音频等，例如我们在统计近一周天气情况的时候，常常用到的数据就是阴、晴、雨、雪、北风 5~6 级、气温−12℃等；而在表示学生成绩的时候，用到的数据就变成：98、优秀、良好、合格等。可见数据本身没有固定的结构和形式，它只是客观地反映事物的某种性质。

（二）数据的语义

下面我们来思考一个问题："120"是一个数字，也可以称之为一个数据，这个数据反映的是什么？是长度、高度、分数，还是人数？是不是难以分辨？"120"的确是一个数据，但这个数据如果不加解释的话，就无法判断它所反映的是什么事物的什么性质，也就是说，单纯的数据表现形式并不能完全表达其内容，需要经过解释，数据和关于数据的解释是密不可分的。我们把关于数据的解释称之为数据的语义。

上面我们所说的"120"，如果把它解释为电话号码，那么他就是急救电话；如果把他解释为分数，那么它可能就是 120 分的成绩；如果把它解释为重量（斤），那么它可能就是一个人的体重；如果把它解释为人数，那么他可能就代表了一个 120 人的班级。

（三）数据的类型

要想对数据有一个正确的解释，首先要明确数据都有哪些类型。数据类型的分类很多，在这里，只进行常规分类：

1. 按数据的性质可分为定时数据、定位数据、定量数据和定性数据[2]

如：早上 8 点、2023 年、星期五等表示时间特性的定时数据；东经 35°、北偏西 30°等用于定位的坐标数据；门宽 1m、班级 36 人、动车时速 300km/h 等表示事物数量的定量数据；前面是 102 国道，我国有长江、黄河等表示事物属性的定性数据。

2. 按数据的表现形式分为数字数据和模拟数据

如：全国共有 13 亿人口，成年人身高在 160~180cm 之间等明确的数字数据；某学生的身份证照片，某人的个人简介等模拟数据等。

除此之外，数据的分类还有很多种，如按计量层次分、按获取方式分、按时间误差分、按记录方式分等，这里就不一一列举了。

表 1-1 中提供了多种数据，请试着分析这里出现的数据都是什么类型。

表 1-1 数据的类型

姓名	性别	出生日期	照片
小丽	女	2000.03.06	

参考答案：

小丽：指的是人物的名称，我们可以称之为字符型数据；

女：指的是人物的性别，我们可以称之为逻辑型数据；

2000.03.06：指的是人物的出生日期，我们可以称之为时间型数据；

最后那张照片明确了人物的长相，我们可以称之为图片型数据。

（四）数据的发展

早在文字出现之前，人类就通过计数工具开始收集和记录数据。在南非和斯威士兰之间列彭波山脉洞穴里发现的列彭波骨（Lebombo Bone）（图 1-1），推测为公元前 18000 年古人用狒狒腓骨制成的骨骼工具，在骨骼上有 29 道人工刻痕，推测是用来记录某些事物的数量或次数的。经技术分析该骨骼的年代在公元前 4.42 万~4.3 万年间，这是迄今为止发现的最早的计数证据[3]。

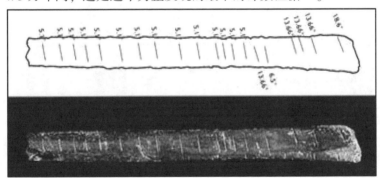

图 1-1 存在 29 道人工刻痕的列彭波骨

1960 年比利时人 Jeande Heinzelin de Braucourt 在刚果发现了一种骨器：伊尚戈骨（图 1-2），该伊尚戈骨可追溯至旧石器时代早期。它也是一条狒狒的腓骨，骨头上面的刻符是公元前 22000 年的作品。骨头上面刻着三排线纹，其中第一排的刻纹为 11、13、17、19，第二排为 11、21、19、9，第三排则为 3、6、4、8、10、5、5 和 7。据考古学家初步判断，伊尚戈骨上所记之数系表现某物或某事。这就是迄今为止知道的人类最早的数据存储证据[3]。

图 1-2　刻有三排线文的伊尚戈骨

随后又逐渐发现古埃及人使用的萨拉米斯算盘（图 1-3）和画有类似算盘的文物大流士花瓶（DariusVase）（图 1-4）。萨拉米斯算盘（雅典碑刻博物馆中）的制作大约在公元前 300 年，是一块白色大理石板，长 149cm，宽 75cm，上面刻有 5条平行线，在它们下面是 11 条平行线，1 条垂线将其分成两半。在这 11 条线中的第 3 条、第 6 条和第 9 条与垂线的交点处用叉标记。3 个近乎相同的希腊字符系列，它们是表示希腊货币体系中货币金额的数字符号，刻在平板的 3 个侧面上[3]。

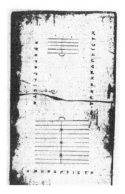

图 1-3　萨拉米斯算盘

图 1-4　大流士花瓶（DariusVase）

在我国古代，最早的记录数据的方法可追溯到旧石器时代的结绳记事（图 1-5、图 1-6），后来随着文字的出现（图 1-7、图 1-8），数据才得到更为迅速的发展。人们对数据的获取和分析运用才真正登上文明的舞台。

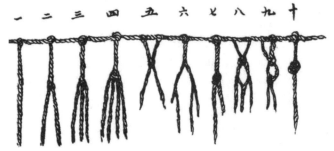

图 1-5　结绳与数字的关系

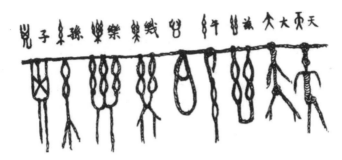

图 1-6　结绳与文字的关系

图 1-7　记录在龟甲上的数据

图 1-8　记录在竹简上的数据

二、信息及其特征

(一) 信息 (information) 的概念

人们常说，我们生活的时代就是一个信息飞速发展、信息膨胀的时代，那么信息究竟是什么呢？它和数据一样吗？它们之间有什么区别和联系呢？我们所看到的信息 (Information) 从外观表象上看和数据非常类似，也是用文字、数字、符号、语言或图像等介质来表示事件、事物或现象等的内容、数量或特征，从而向人们提供关于现实世界新的事实和知识，作为生产、建设、经营、管理、分析和决策的依据，也被称为情报、资讯和消息[4]。可以说，信息是一种数据，但数据不一定都是信息。

关于信息的定义，不同时代、不同领域的学者给出了不同的答案：

信息的奠基人克劳德·香农 (C. E. Shannon) 于 20 世纪 40 年代提出：信息是用来消除随机不确定性的东西。即信息是人们对事物了解不确定性的减少或消除，是两次不确定性之差[5]。

控制论创始人维纳 (Norbert Wiener) 认为：信息是人们在适应外部世界，并使这种适应反作用于外部世界的过程中，同外部世界进行互相交换的内容和名称，信息是独立于物质、能力的第 3 类资源[6]。

哲学领域对信息的解释：信息是物质的普遍属性，是精神实体的特征，是物质和精神并列的第 3 种存在，是物质载体和意识成分的特殊结合。

我国著名的信息学专家钟义信教授认为"信息是事物存在方式或运动状态，以这种方式或状态直接或间接地表述"。

综上可以发现，关于信息的定义其实都是对信息的一种解释，真正的定义需要规范化、标准化的瘦身。笔者更倾向于美国信息管理专家霍顿（F. W. Horton）给出"信息"的定义："信息是为了满足用户决策的需要而经过加工处理的数据"。简单地说，信息是经过加工的数据，或者说，信息是数据处理的结果[7]。

（二）信息与数据的关系

信息是不是数据？数据是不是信息？这两者之间到底是什么关系呢？

我们来看这样一个案例：

◆给定一个数字：160。

这个数字我们可以称之为数字类型的数据。通过这个数据你能得到什么信息？答案是什么也得不到，因为这个 160 可以是长、宽、高、人数或者重量。有太多的不确定存在。

◆再给定一个单位：160cm。

这个时候我们得到的是两个数据，1 个数字型和 1 个字符型，但范围缩小了，可以理解为长、宽、高，剔除了重量、人数等，但仍有不确定存在，我们可以理解为树高 160cm，也可以理解为桌子长 160cm。

◆再加上一个条件：小明同学 160cm。

这个时候我们得到的就是 3 个数据，1 个数字型和 2 个字符型，通过这 3 个数据，基本就能判断这里所说的是一个人物的身高。这就可以说是我们得到一个信息，这个信息就是小明同学的身高是 160cm。

通过这个案例，不难看出当给数据赋予了一定的特征，具有一定指向性，呈现有用的内容时，就成为信息。换言之，大量数据经过加工处理后所获得的、有用的数据就是信息。所以说数据不一定是信息，但信息里一定存在数据。

用香农的不确定理论来解释就是：对 160 来说，有太多的不确定因素。当我们利用一个厘米去除掉重量、人数等不确定因素后，所谓的信息就初露头脚；接着再利用小明同学去除掉宽、厚等不确定因素，最终就得到了我们需要的信息。可见数据越多，信息就越丰富，越准确，越有价值，反之数据越少，信息就越闭塞，越不准确。

数据＝信息+数据冗余

信息可以简单地理解为数据中包含的有用的内容。

不严格地说，"如果有一样东西原来你不知道，那么它对你来说就什么也不是，但当你知道它的存在了，就可以说你获得了一个关于它的信息"。

当一条数据在人类世界中游荡，如果没有任何人接收到它，那么它就只能是一条数据；但当这条数据被对象所获取，并进行一定的加工或再次传递，那么它就可以称为信息了。

再如早上听到闹钟响起（声音），看到时钟指针停在 7 点（数字），通过这两个数据得到一个信息——该起床了，从而引发人们的行为是起床；看到温度计（实物）上显示的较高温度（数字），得到一个信息——天气太热了，从而引发人们的行为是少穿一点；看到课程表（实物）中写着周一 34 节体育课（字符），得到一个信息——要上体育课了，从而引发人们的行为：需要穿运动装进行体育活动。

可见，有用的数据可以转化为信息，从而产生指导性的行为变化。

（三）信息与知识的关系

数据不能等同于信息，只有经过加工处理的有用数据才能称之为信息，获得信息就是获得知识了吗？信息和知识又是什么关系呢？

先来看一个案例：

◆利用百度搜索引擎，输入"现代教育技术"（图 1-9）。经过搜索我们得到至少三项不同的内容：

图 1-9　百度搜索"现代教育技术"结果

第一项：辽宁现代服务职业技术学院。这显然起到的是地图指向作用，是给我们提供了该学校的相关信息，如联系方式等，不能称之为知识。

第二项：《现代教育技术》期刊的介绍。这也是给我们提供了该杂志的相关信息，如投稿方式、收录级别等，也不能称之为知识。

第三项：现代教育技术（教育教学中的理论与技术）——百度百科。这里向我们详细分析解释了现代教育技术的定义等内容，是给我们提供了相关信息，但这个信息的内容与前两项相比，涵盖的知识就更高一些。

可见，知识是一种信息，知识是在对数据和信息理解的基础上，以某种可利用的形式，高度组织化后的、可记忆的信息[8]。

由此可见，数据、信息、知识之间的关系如图 1-10 所示：

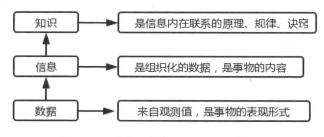

图 1-10　数据、信息、知识之间的关系

（四）信息的特征

信息的基本作用就是消除人们对事物了解的不确定性。信息具有自己独有的特征，信息特征也可以称之为信息的属性和功能[9]，根据不同的分类方法可归纳为如下 14 个属性：

1. 可依附性

信息本身不是实体，而是一种抽象的、无形的资源。信息的传递必须有载体，而且是具备了一定能量的载体。

例如：刻有甲骨文的龟甲，其中甲骨文是一种可传递的信息，而甲骨文之所以可以称为信息，是因为他刻在了龟甲上，龟甲就是信息的载体。再如"狼烟"本身没有什么意思，但如果是古代在烽火台上燃起的"狼烟"，通过这个载体传递出来，就成为一种有外敌入侵的警示信息。

2. 可再生性（可处理性）

众所周知，物质和能量会随着不断的使用而逐渐减少，但信息在使用中却是可以不断扩充、再生的，永远不会消耗殆尽。而且信息经过人工分析和处理，常会产生新的信息，使信息得到增值[10]。

例如：抗战时期党组织在传递信息时为防止被敌人破译，往往会使用加密电报处理，同时配备一个密码本。假设密码本中利用两位数字密文代表一个明文字母，例如：01 代表 a，02 代表 b，以此类推。当收到如下一段电文（12011510090114072501115 17090114200115）时，就相当于得到了一串特殊的数字信息，试着将这段数字信息经过自己的分析处理，就能够得到一段新的信息。

破译过程：

12——L；01——A；15——O；10——J；09——I；01——A；14——N；07——G；25——Y；01——A；15——O；17——Q；09——I；01——A；14——N；20——T；01——A；15——O

破译后的结果就是老蒋要潜逃。

通过人工分析和处理，由一个旧的信息产生了一个新的信息，这就是信息的可处理性和可再生性。

3. 可传递性

信息必须要经过传递，如果不经过传递，就谈不上信息。信息传递的方式很多，可以通过语言、文字、肢体进行表达，也可以通过手抄、印刷、电讯、网络等进行传递。

例如：小明想吃比萨，就告诉了爸爸，但爸爸没有空，则让妈妈去买。这样小明想吃比萨这一信息，就在小明、爸爸和妈妈之间进行了传递。再如小明和小丽说"明天上午学校放假"，小丽又把这个信息传递给其他同学，最后全班都知道明天上午学校放假了。

4. 可存储性

信息不仅可以传递，还可以通过多种方式存储在各种媒介中，以备他时或他人使用。一般情况下我们可以通过书写、印刷、录音、录像、照相进行信息的存储，存储的位置既可以是人脑、电脑，也可以是当下比较流行的云端。

例如：我们可以在办公室把自己处理的文档存储在移动硬盘或网盘中，当回到家或去外地出差的时候，就可以利用笔记本电脑或智能手机随时打开文档做进一步的处理。

5. 可共享性

信息和实实在在的物质资源不同，它可以随时转让，随时随地让大家共享。而信息共享的结果不是对信息的缩减，而是更进一步提高了信息的利用价值[11]。

例如：我有一个英语学习的技巧信息："时间大于 1 天，用 in，小于 1 天用 at，等于 1 天用 on。只有 3 个特殊在早上、在中午、在晚上用 in"，你也有 1 个英语学习的技巧信息："吃饭用的桌子是圆桌用 table；学习用的桌子是方桌用 desk"。当我们把自己的信息共享给对方的时候，我们彼此都没有失去原有的信息，而且得到了更多的信息，我们原有信息的利用价值也随着共享人数的增加而提高了。这就是我们所说的"1+1>2"的理论，也希望所有人都要学会分享。

6. 可变换性

信息是可以变换的，同一条信息虽然传达的是同一个意思，但可以由不同的载体来承载或者由不同的方法来传递。

例如：小明想对妈妈说"我爱你"，这条信息可以由他亲口对妈妈说，可以给妈妈写一张爱心卡片，也可以通过电台给妈妈点一首歌，唱一句"我爱你"，或者买个小礼物表示自己爱妈妈的心情。

7. 可转化性

信息本身虽然是无形的，但是在一定条件下，信息也可以转化为我们能够看得见摸得着的物质，也可以转化成转瞬即逝的时间、能量及其他。

例如：某位电工在给客户修理灯泡的时候，无意中听到客户要购买大量玉米，却苦于没有渠道。而这位电工农村老家恰好盛产玉米而苦于销售，于是他把这个无意中得到的信息传递给老家的乡亲，利用这条信息，解决了双方的困难，同时给自己的乡亲带来了可观的收入，无形中信息就此转化成了财富。

8. 可预测性

通过对现有信息的分析可以推算出未来信息的可能形态。也就是说利用当前的信息对未来做出超前的反映，以反映出事物的发展趋势，这就是信息与决策的价值关系所在[12]。

例如：2022年12月初通过对三年来新冠病毒变异的大量研究结果，以及国内外各类病症的研究分析，预测出新冠病毒的今后发展趋势将是传染性更强，但致病率更弱。在这种发展趋势下，人体自身免疫力完全可以抵抗这种不断变异的病毒，因此国家下达了关于优化落实疫情防控的"新十条"决策。

9. 可利用性

一条有效的信息同时也具有可利用性，也就是，说信息可以被利用，以获取其他所需的东西。

例如：小张知道小明的一个秘密，于是他和小王说：我告诉你小明的一个秘密，你给我买一杯可乐。小王开心地答应了，于是小张就利用这个信息换取了一杯可乐。

10. 有效性与时效性

不是所有的信息都是有效的，针对不同的接受者，只有符合其需要的信息对其来说才是有效的，反之则无效。有的信息对这个人有效，对另一个人可能无效，这个时候这个信息有效，过了一段时间这个信息可能就无效了。

例如：天气预报说明天下雨，你可以把这个信息告诉正准备洗车的人，这个信息对他来说是有效的。如果已经下雨了，你再去告诉正在洗车的人，这个信息对他来说就是无效的了。再如你有明年考研的最新政策要求，这个信息你告诉明年准备考研的人，对他来说就是有效的；如果告诉明年不准备考研或者已经考上研究生的人，对他们来说就是无效的。

这也从侧面向我们解释了为什么新闻的时效性非常重要。

11. 普遍性与客观性

信息在宇宙、现实世界是普遍而客观存在的，它不会随某人的主观意愿而随意控制和随意改变。

例如：小狗在电线杆边撒了一泡尿，不是说他就喜欢那个地方，其实是要告诉其他的狗，"这是我的地盘"。而且小狗 A 撒了泡尿，说明这里是小狗 A 的地盘，不是别的小狗 B 或者小狗 C 的地盘。小狗利用这种方式来传递信息属于它的天性，不是人类可以通过后天训练而随意改变的，可以说这种信息对于小狗来说具有普遍性和客观性。

12. 相对性与动态性

信息是随时间变化的，在不同时间可能具有不同作用和价值，而且同一事物在不同的观察者眼里可能得到不同的信息。

例如：都说螺蛳粉闻起来臭，但吃起来却很香。然而有的人尝试了螺蛳粉后，得到的信息是"太好吃了，欲罢不能"，而有的人得到的信息却是"太臭了，享受不起"。其实螺蛳粉的味道是客观存在的，但由于不同人的不同感受，才得到了不同的信息。

13. 真伪性与片面性

信息是有真伪之分的，需要我们自己去判断，同时信息也是片面的，它只能反映事物的一个方面。

例如：三国时期，诸葛亮利用"空城计"向司马懿传递了一个虚假的信息，于是司马懿认为："现在城门大开，里面必有埋伏，我军如果进去，正好中了他们的计，还是快快撤退吧！"于是各路兵马都退了回去。

再如，盲人摸象的故事，几个盲人有的摸到大象的鼻子，有的摸到大象的耳朵，有的摸到大象的牙齿，有的摸到大象的身子，有的摸到大象的腿，有的抓住大象的尾巴，他们都以为自己摸到的就是大象，于是当国王问他们大象是什么样的时候，他们的结论是"大象就像一根大柱子！""大象就像一条巨大的蟒蛇。""大象就像一把扇子。""大象就像一堵墙。""大象活像一根绳子。"其实他们得到的信息都是片面的，你们没有看见过象的全身，自以为是得到了全貌。所以得出的结论也就成了错误的。

14. 知识性与层次性

前面我们提到，知识是对信息的抽象反映，所以从信息中可以提取出相应的知识。而对于提取的知识而言，信息虽然是客观存在的，但不同人对信息内容理解的不同，就体现出了信息的层次性。

例如：牛顿在苹果树下睡觉的时候被苹果砸到了头，于是他发现苹果会从树上掉下来、抛出去的球无论扔多高最终也会落在地上。这些是自然界所展示的信息。牛顿觉得这种现象的背后一定存在某种规律，可以解释为什么一切物体都会掉在地上。于是他发现了万有引力。万有引力是知识，是牛顿从苹果、球会掉在地上这些信息中提取出的规律。再如棒棒糖是甜的，这是棒棒糖本身的味道。小明觉得棒棒糖好吃，小丽却觉得棒棒糖不好吃。他们两个都是品尝后获得了甜和好吃还是不好吃的信息。甜是客观的本体论属性，即事物本身就是这样的。每个人都承认棒棒糖是甜的，喜欢还是不喜欢是基于对甜的一种感受，每个人有着不同的感受。这说明信息本身就具有本体论+认识论两个层次。

第三节　信息技术

一、信息技术的概念

提到信息技术，特别是它的英文缩写是（IT），这就让我们首先联想到了计算机。利用计算机科学技术开发、设计、安装以及应用各类软件来管理和处理信息，是信息技术领域最主要的技术手段之一。除此之外，我们生活中常用的通信技术、传感技术、控制技术和智能技术都可归属于信息技术领域[13]。

关于信息技术的定义，因其使用的目的、范围、层次不同，有多种不同的说法：

1. 信息技术就是获取、存储、传递、处理分析信息以及使信息标准化的技术[14]。

2. 信息技术包括通信、计算机与计算机语言、计算机游戏、电子技术、光纤技术等[15]。

3. 信息技术是指计算机和通信技术支持下用以获取、加工、存储、变换、显示和传输文字、数值、图像以及声音信息，包括提供设备和提供信息服务两大方面的方法与设备的总称[16]。

4. 信息技术指应用在信息加工和处理中的科学，技术与工程的训练方法和管理技巧；上述方法和技巧的应用；计算机及其与人、机的相互作用，与人相应的社会、经济和文化等诸种事物[17]。

结合我们的生活，信息技术可以通俗地理解为人们通过自己的感觉器官（眼、耳、口、鼻、舌、身）从外界获取大量的数据，再通过神经系统将这些大量的数据通过思维器官（大脑）进行处理分析，取其精华，去其糟粕，提取或再生成对自己有用的信息，最后再指令自己的效应器官（四肢）将信息应用到实际工作和生活中[18]。这一过程我们可以称之为利用人类自身条件进行的最原始的信息技术。如果再辅助以现代高科技手段，也就是加上时下流行的计算机技术、通信技术、网络技术、控制技术、传感技术、识别技术和智能技术，利用这些技术去更多更好地获取、加工、存储、变换、显示和传输文字、数值、图像以及声音信息，就是完整的信息技术了。

可见信息技术是用于管理和处理信息所采用的各种技术的总称，应包括如下3方面的内容：一是从日常生活中获取数据的技术；二是从大量数据中提取有用信息的技术；三是对信息进行再创新再加工的技术。

二、信息技术的分类

关于信息技术的分类也是多种多样的，大部分书籍和论文中主要按如下几种方式进行分类：

（一）按信息技术的表现形态分类

序号	技术分类	主要特点	案例
1	硬技术（物化技术）	有形，可见	显微镜、电话、卫星、电脑等
2	软技术（非物化技术）	无形，不可见	信息获取与处理的各种知识、方法与技能，如语言文字技术、数据统计分析技术、规划决策技术、计算机软件技术等

目前最典型的信息技术——软技术，还包括正在迅速发展的大数据技术、人工智能技术、物联网技术、车联网技术等，在第四章信息技术与前沿创新中会详细讲解。

（二）按信息技术的工作流程分类

序号	技术分类	主要特点	案例
1	信息获取技术	信息的搜索、感知、接收、过滤等	显微镜、望远镜、温度计、钟表、Internet 搜索引擎等
2	信息传递技术	跨越空间共享信息的技术	单向传递与双向传递技术，单通道传递、多通道传递与广播传递技术
3	信息存储技术	跨越时间保存信息的技术	印刷术、照相术、录音术、录像术、缩微术、磁盘术、光盘术等
4	信息加工技术	对信息进行描述、分类、排序、转换、浓缩、扩充、创新等的技术	算盘、标尺、电子计算机与网络进行信息加工
5	信息标准化技术	使信息的获取、传递、存储、加工各环节有机衔接，与提高信息交换共享能力的技术	信息管理标准、字符编码标准、语言文字的规范化等

（三） 按信息技术的使用设备分类

序号	技术分类	序号	技术分类
1	电话技术	7	计算机技术
2	电报技术	8	网络技术
3	广电技术	9	传者信息处理技术
4	复印技术	10	信息通道技术
5	缩微技术	11	受者信息处理技术
6	卫星技术	12	信息抗干扰技术

（四） 按信息技术的功能层次分类[19]

序号	技术分类	主要内容
1	基础层次	新材料技术、新能源技术
2	支撑层次	机械技术、电子技术、激光技术、生物技术、空间技术
3	主体层次	感测技术、通信技术、计算机技术、控制技术
4	应用层次	文化教育、商业贸易、工农业生产、社会管理中用以提高效率和效益的各种自动化、智能化、信息化应用软件与设备

通过对信息技术内容的理解，将信息技术分为以下3类：

第一类：数据获取技术

信息源于数据，要想获得有效信息就必须有大量的数据作为基础，而数据并不全是以人们所期望的形式直接呈现在人们面前的，有些数据更是隐匿得很深，需要人们通过各种手段才能挖掘出来。因此数据获取技术是在这个信息时代每个人都应该具备的能力，每个人都应该学会利用现有的各类技术手段获取自己所需要的大量数据。

例如想通过对大一学生各科学习成绩及其学习习惯的分析，对其毕业成绩做出相应预测，以此来对教学环节进行干预和指导。首先要获取某一专业大一学生所有学科成绩，这可以利用教学管理软件进行查询和下载；而学生的学习习惯则可以利用手机 App 问卷星制作电子调查问卷进行收集。这些都是获取数据的相关技术手段，对数据做进一步分析处理，以获得有用信息的前提和基础，因此这类信息技术的掌握也是非常重要的。

第二类：信息获取技术

前文提到，数据不是信息，只有经过加工处理后所获得的、有用的数据才能称之为信息。那么如何对数据进行加工处理，这就涉及了信息获取技术，包括对数据的分析工具、加工工具、处理工具等，涉及的内容可以是显微镜、计算机等硬件技术，也可以是测试分析软件、生物识别方法、软件操作等软件技术。

例如，还是针对上面所说的成绩预测分析，获取学生成绩信息以及学习习惯数据后，需要对数据进行整理分析，有些成绩只是个别学生的选修课成绩，不能作为对整体学生的评价标准，这样的数据属于冗余数据，需要剔除掉。对其他有用的数据还要进行进一步的分析，根据所采取的算法不同（如偏小二乘法、多元线性回归法、特征选择法、K-Means法等），选取的样本组数及分类也不同，最后进行模型分析所采用的软件也有所不同。这些都属于将数据提取为信息，也就是获取信息的技术。

第三类：信息处理技术

当我们获得所需的信息后，如何让这些信息真正体现其价值，对我们的学习和工作起到真正的促进作用，就需要对这些有用的信息进行进一步的处理与加工。

例如，在对学生成绩数据进行分析处理获得所需信息后，构建合理的模型进行多次实验分析，对实验分析的结果进行比对，也可以说是对初次信息深层次处理后又得到一批新信息，再针对新信息进行分析，最终得出实验结论，也就是对初次信息加工创新处理后的最终结果。在此过程中所应用到的所有硬件技术和软件技术都可以称为信息处理技术。

三、信息技术的发展趋势

信息技术是随着人类文明的发展而发展的，当远古人类开始利用"结绳"记录本部落的风俗传统，记录传说与重大事件，记录所拥有的战利品开始，信息的记录和传递就开始了。所谓"结绳记事"就是用不同粗细的绳子，在上面结成不同距离的结，结又有大有小，每种结法、距离大小以及绳子粗细又表示不同的意思，由专人（一般是酋长和巫师）按照一定的规则进行记录，并代代相传。《周易·系辞》云："上古结绳而治[20]。"《春秋左传集解》云："古者无文字，其有约誓之事，事大大其绳，事小小其绳，结之多少，随扬众寡，各执以相考，亦足以相治也。[21]"

马克思在他的《摩尔根〈古代社会〉一书摘要》中，曾说明了印第安人的结绳记事，他们的记事之绳是一种用各色贝珠穿成的绳带。他记载道："由紫色和白色贝珠的珠绳组成的珠带上的条条，或由各种色彩的贝珠组成的带子上的条条（德文是'绳子一般的'；'束、缕'），其意义在于一定的珠串与一定的事实相联系，从而把各种事件排成系列，并使人准确记忆。[22]

（一）信息技术的发展阶段

信息技术的发展共经历了5个阶段，如图1-11所示：

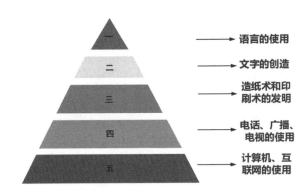

图 1-11　信息技术发展的五个阶段

1. 语言的使用（后巴别塔时代）

语言是在人类长期进化过程中产生的，在语言产生之前，人们的交流都是通过动作、手势、面部表情、声音进行的，那个时候信息的传递还不够明晰。当语言产生后，信息的传播就变得更简单、更准确。同时，信息的传播也成为一种积极的生活态度。

但是，通过语言来传播信息存在着较大不确定性，受语言表达能力的限制，同时由于这个阶段的信息属于口口相传，在传递过程中难免会出现偏差，并且随着时间的推移，信息有时也会渐渐消失，因此这个阶段的信息技术只处于萌芽阶段，基本没什么技术可言。

2. 文字的创造（铁器时代，约公元前 14 世纪）

公元前 3500 年，人类出现了文字。文字的出现和使用是人类文明的一大进步，有了文字，信息传播的准确性就得到了保证，同时信息也可以更好地保存下来，较大的超越了时间和地域的局限。我们现在能够对古代的文明和历史较好地掌握，主要就是得益于古人通过刻有甲骨文的龟甲、竹简、木牍、帛书等所流传下来的信息。此时的信息技术已经由口口相传的萌芽状态提升为文字书写的发展阶段，这一阶段对信息技术来说是一个质的飞跃。（图 1-12）

图 1-12　人类早期文字——大汶口文化之陶器上的符号

3. 造纸术和印刷术的发明（6世纪、 15世纪）

东汉时期在京师洛阳任尚方令的蔡伦，用树皮、麻头、破布、旧渔网为原料发明了造纸术。后来轻工业部造纸工业科学研究所（现中国制浆造纸研究院）对发现的几种古纸进行科学的化学分析，化验得出的结论：只有蔡伦当时制作出来的纸才是真正的纸。因此 1990 年 8 月 18—22 日在比利时马尔梅迪举行的国际造纸历史协会第 20 届代表大会上专家一致认定：蔡伦是造纸术的伟大发明家，中国是造纸的发明国。

宋仁宗时，毕昇发明了活字印刷术，他是世界上第一个发明人，比德国人约翰内斯·古腾堡的铅活字印刷术早约 400 年。

造纸术的发明使书籍、报刊成为重要的信息储存和传播的媒体。而印刷术则是人类近代文明的先导，为信息的广泛传播、交流创造了条件。这一阶段的信息技术可谓是顺风顺水，信息的传播和保存变得更为方便快捷。

4. 电话、广播、电视的使用（19世纪）

1837 年美国人莫尔斯研制了世界上第一台有线电报机。1844 年 5 月 24 日，他在国会大厦联邦最高法院议会厅作了"用导线传递消息"的公开表演，用一连串点、划构成的"莫尔斯"码发出了人类历史上第一份电报："上帝创造了何等的奇迹！"实现了能够传送 40 英里（1 英里 ≈ 1.609334 公里）外的长途电报通信。

1875 年，苏格兰青年亚历山大·贝尔发明了世界上第一台电话机。1878 年在相距 300km 的波世顿和纽约之间进行了首次长途电话实验，并获得巨大成功，实现了信息的无线电传播。

1894 年电影问世。

1925 年英国首次播映电视。

这些无不代表着人类进入了利用电磁波传播信息的时代。

5. 计算机与互联网的使用（现代，以1946年电子计算机的问世为标志）

自 1946 年世界上第一台电子计算机 ENICA 在美国宾夕法尼亚大学问世后，人类文明就进入了计算机时代。到了 1969 年，美国国防部高级研究计划局组建了 ARPA 网（阿帕网），这是互联网的前身。

在这里请大家一定要记住一个时间节点和一个伟大人物：

一个时间节点：

1969 年 10 月 29 日 22：30，著名学者克兰罗克在洛杉矶向在斯坦福的比尔·杜瓦传递信息。计划传递的信息是由 5 个字母组成的单词 Login，意思是"登录"。当洛杉矶输入"L"的时候，很快斯坦福便收到了"L"，当传输"o"的时候也是同样顺利，人们内心开始激荡，已经开始欢呼雀跃，但是在输入"g"后，系统突然死机了。虽然系统死机了，但仅仅"Lo"这两个字母也同样标志着人类互联时代的开始。

一个伟大人物：

蒂姆·伯纳斯·李（南安普顿大学与麻省理工学院教授，英国皇家学会工艺院院士），于1989年仲夏之夜，成功开发出世界上第一个Web服务器和第一个Web客户机，并正式定名为World Wide Web，也就是我们熟悉的WWW（万维网）。最让我们敬佩的是蒂姆没有对此项发明申请专利，而是把他无偿献给了全人类，正是因为这样我们现在才能免费浏览各类网页，搜索并获取我们所需要的各类信息。2012年夏季伦敦奥林匹克运动会开幕典礼上，英国女王特意邀请蒂姆·伯纳斯·李本人参加了奥运会的开幕典礼，并在舞台中央那台他当年使用过的NeXT计算机前工作，通过体育馆内的LCD光管打出："This is for everyone（这是给所有人的）。"

（二）信息技术的发展趋势

随着人类文明的继续发展进步，信息技术的发展也没有丝毫停留，经过了5个革命性发展阶段，分析其发展趋势，必将会迎来其发展飞跃的第六次革命——多智时代！

多智时代的典型代表是人工智能、大数据、5D打印等技术的出现。

某小说中提到一个全新的概念"降维打击"，也就是通过一张"降维卡片"将被打击的世界从高维度逐渐降为低维度，那么究竟什么是"维度"呢？这里的维度单指"空间维度"。1维代表一个点，2维代表一条线，3维代表一个立体，而4维，乃至5维、6维就是我们无法想象的了。因为我们生活在3维世界里，我们能够理解比我们低的维度，但是却很难想象比我们高的维度是什么样，但很多人认为4维空间和3维空间相比，就是多了一个"时间维度"，也就是说，在4维空间里确实可以实现所谓的"穿越"，只是4维空间里的"穿越"只能作为旁观者穿越到任何一个时间点，在那个时间点可以观看当时发生的事情，却不能真正地参与其中，更不能改变任何东西（按这个逻辑，我们现在看到的很多穿越小说里的人物就应该处于5维或更高维度）。在打印技术里的"D"与前面所说的"维度"非常类似，2D打印技术是让信息在一个平面上得以表现，3D打印则是指使用单一材料通过层层堆积的方式将2D平面堆积成静止的3D立体几何模型，也就是将2维的物体3维化。而4D则是在3D打印技术的基础上增加了一个"时间维度"。也就是说，3D打印出来的物体结构会随着时间的变化而改变，特别容易受到外界电、光、水、温度、化学等的影响，这主要是与3D打印所用的材料有关。而4D打印技术所用到的智能材料则是一种能感知外部刺激，判断并适当处理且本身可执行的新型功能材料，抑或可以把4D打印理解为3D打印+智能材料的结合，据说在医学上曾经用4D打印气管支架帮助病人解决呼吸问题。那么5D打印又是什么呢？

我国机械工程专家，中国工程院院士，西安交通大学教授、博士生导师，国家增材制造创新中心主任、中国增材制造标准委员会主任卢秉恒院士认为，5D 是功能的改变和再生。如果说 2D 是让信息"现"出来，3D 让想象"立"起来，4D 让物体"动"起来，5D 就是让物质"活"起来，是将非生命体发展成可变形、可变性的生命体。5D 打印是这一科学技术的创新和变革。当只需要一个干细胞就能打印并成功分化成功能性的骨组织、血管结构、皮肤等含细胞异质结构，未来用 5D 打印和再生一个自己也是有可能的——永生将不再是话题，而是可能[23]。

第四节　本章小结

本章主要介绍的是信息技术的基本理论，包括两个方面的内容：一是数据与信息的概念、特征以及它们之间的关系；二是信息技术的概念、分类及发展趋势。对于信息技术的定义，不同领域的不同学者，提出了各种各样的解释，笔者认为信息技术主要应包括三方面的内容：一是从日常生活中获取数据的技术；二是从大量数据中提取有用信息的技术；三是对信息进行再创新再加工的技术。

正确理解信息技术，首先要明确数据与信息不是一个概念，它们之间有着本质的区别：数据是对我们身边事物的一种记录，是整个现实生活的一种体现，数据可以是一个数字、一个图表、一个符号，也可以是数字、字母、符号、图形等的组合。数据所记录的内容包括客观事件的数量、性质、状态以及各种事件之间的相互关系。当数据赋予了一定的特征，具有一定指向性，呈现有用的内容时，就成为信息。换言之，大量数据经过加工处理后所获得的有用的数据就是信息。所以说数据不一定是信息，但信息里一定存在数据。

信息不是实体，看不见摸不着，但却是客观而永恒地存在于无限的宇宙之中，它不能独立存在，必须依附于具有一定能量的载体，它的主要特征是可依附性、可再生性（可处理性）、可存储性、可传递性、可共享性、可变换性、可转化性、可预测性、可利用性、有效性与时效性、普遍性与客观性、相对性与动态性、真伪性与片面性、知识性与层次性等。

信息技术可以按表现形态、工作流程、使用设备和功能层次分类，也可根据其实际应用的内容分为数据获取技术、信息获取技术和信息处理技术。

信息技术的发展经历了 5 个历史阶段，分别是：语言的使用，文字的创造，造纸术和印刷术的发明，电话、广播、电视的使用以及计算机与互联网的使用。而随着人类文明的不断发展进步，信息技术经过了 5 个革命性发展阶段，分析其发展趋势，必将会迎来其飞跃发展的第六次革命——多智时代。

参考文献

［1］宋星. 数据赋能：数字化营销与运营新实战 ［M］. 北京：电子工业出版社，2021.

［2］岳昆. 数据工程处理、分析与服务 ［M］. 北京：清华大学出版社，2013.

［3］刘鸿武. 非洲研究 ［M］. 北京：中国社会科学出版社，2015.

［4］牛津大学出版社，上海外语教育出版社. 新牛津英汉双解大词典（第2版）［M］. 上海：上海外语教育出版社，2013.

［5］费文绪，丹尼尔·西尔弗. 信息论之父克劳德·香农：刷新你对信息的想象 ［J］. 世界科学，2018（02），57-59.

［6］李小娟. 诺伯特·维纳传播思想研究 ［D］. 开封：河南大学，2016.

［7］霍顿. 信息资源管理：概念和案例 ［M］. 南京：南京大学出版社，2013.

［8］傅德荣. 教育信息处理（第2版）［M］. 北京：北京师范大学出版社，2011.

［9］詹姆斯·格雷克. 信息简史 ［M］. 北京：人民邮电出版社，2015.

［10］《初中信息技术》编写组. 初中信息技术 ［M］. 北京：人民教育出版社，2022.

［11］徐孝婷，刘周颖，朱庆华. 基于信息特征和信息来源的用户答案类型偏好研究：以COVID-19相关问答为例 ［J］. 情报科学，2022，40（06）：82-89，107.

［12］刘建明，王泰玄，谷长岭. 宣传舆论学大辞典 ［M］. 北京：经济日报出版社，1993.

［13］郑志刚. 信息技术基础教程 ［M］. 北京：北京理工大学出版社，2020.

［14］宋成栋. 现代教育技术全书 ［M］. 北京：中国华侨出版社，1999.

［15］《行动纲领》课题组. 面向21世纪的上海市中小学信息科技教育改革行动纲领 ［N］. 1998.

［16］梦广均，等. 信息资源管理导论 ［M］. 北京：科学出版社，1998.

［17］赵忠绵. 浅谈信息技术的发展及运用 ［J］. 中国科技信息，2014（09）：125-126.

［18］薛连凤，章春芳. 信息技术教程 ［M］. 南京：东南大学出版社，2017.

［19］韩红强，王志鹏. 信息技术服务分类与定义研究 ［J］. 信息技术与标准化，2013（4）：28-31.

［20］金景芳. 《周易·系辞传》新编详解 ［M］. 沈阳：辽海出版社，1998.

［21］左丘明. 春秋左传集解 ［M］. 杜预，集解. 李梦生，整理. 南京：凤凰出版社，2020.

［22］中共中央马克思恩格斯列宁斯大林著作编译局. 马克思恩格斯全集 ［M］. 北京：人民出版社，2006.

［23］李涤尘，等. 5D 打印——生物功能组织的制造［J］. 中国机械工程，2020，31（01）：83-88，99.

第二章　信息技术与信息素养

第一节　引言

信息素养是信息时代每个人都必须具备的基本生存能力；

信息素养是信息社会教育的新目标；

信息素养是衡量一个国家和地区信息化程度的重要指标。

能力是一种力量，是完成一定活动的本领。在这个信息时代，能够完成与数据和信息相关活动，就等于具备了一种特殊的能力，我们把它称之为"信息能力"。前面我们提到了信息技术包括三方面的内容：一是从日常生活中获取数据的技术；二是从大量数据中提取有用信息的技术；三是对信息进行再创新再加工的技术。这三方面的内容其实就是主要依托于信息技术应用能力，属于信息能力的一部分。而我们具备信息能力，掌握信息技术，是为了更好地适应现代社会的发展，更好地提升自己，换言之，掌握信息技术的目的就是为了提升自己的信息素养。2016 年 6 月 3 日，《面向未来：21 世纪核心素养教育的全球经验》WISE 研究报告发布会暨媒体圆桌访谈中提出了 21 世纪技能（21st Century Skills，美国 21 世纪技能合作组织，简称美国 P21）、21 世纪核心素养（21st Century Competencies，经济合作与发展组织，简称 OECD）、关键素养（Key Competences，欧盟）、综合能力（General Capabilities，澳大利亚）、共通能力（Generic Skills，中国香港）、核心素养（Core Competencies，中国大陆和中国台湾）等理念（图 2-1）。最终全球公认的 21 世纪公民的七大素养之一就是"信息素养"[1]。

图 2-1　面向未来：21 世纪核心素养教育的全球经验

毕竟我们现在生活的是一个信息时代，我们的工作和学习几乎离不开计算机，我们的生活也离不开微信和支付宝，所有的一切都要求我们每个人都应该具备一定的信息技术能力，都能利用现有的技术手段实现数据和信息的获取，并能尽可能地处理这些数据和信息，最终得到我们所需要的信息和知识。这就对我们的教育提出了一个更高的要求：一方面要继续抓好"素质教育"，让每个人都能成长为有理想、有文化、有素质、有担当，具有较强的心理素质和抗压能力。同时也必须培养适应这个时代发展的新素养、新能力。

早在 1984 年邓小平同志就指出："计算机的普及要从娃娃做起。"教育部于 2000 年印发《中小学信息技术课程指导纲要（试行）》的通知，明确中小学信息技术课程的主要任务：培养学生对信息技术的兴趣和意识，让学生了解和掌握信息技术基本知识和技能，了解信息技术的发展及其应用对人类日常生活和科学技术的深刻影响。通过信息技术课程使学生具有获取信息、传输信息、处理信息和应用信息的能力，教育学生正确认识和理解与信息技术相关的文化、伦理和社会等问题，负责任地使用信息技术；培养学生良好的信息素养，把信息技术作为支持终身学习和合作学习的手段，为适应信息社会的学习、工作和生活打下必要的基础[2]。可见，信息素养已经成为新时代每个人都应具备的基本能力，信息素养与信息技术已经成为 21 世纪教育的领军话题。

第二节 信息素养

一、信息素养的概念

（一）素养（literacy）

素养通常指一个人的修养，包括一个人的道德品质、言谈举止、外在形象、文化素质、知识水平和实践能力等多个方面。在 21 世纪的今天，提到人的素养，又扩充为思想素养、政治素养、文化素养、业务素养、体育素养、信息素养等各个方面。其实，素养的英文"literacy"本义指的是"识字""有文化"和"阅读和写作的能力"，因此美国学者多塞和斯蒂恩认为：如果一个人具有了阅读和写出自己名字的能力就可以被视为非文盲，就可以说他是一个有素养的人。

（二）信息素养（Information Literacy）

信息素养这一概念是动态发展的，不难发现在其发展的不同阶段，有着不同的内涵与外延。

1974 年，美国信息产业协会主席保罗·车可斯基率先提出了"信息素养"这一全新的概念，并解释为：经过培训以后能够在工作中运用信息的人即可认为具备了信息素养，他们在掌握了信息工具的使用及熟悉主要信息源的基础上能够解决实际问题[3]。

　　1987 年信息学家 Patrieia Breivik 则认为，信息素养是指了解提供信息的系统并能鉴别信息价值、选择获取信息的最佳渠道、掌握获取和存储信息的基本技能[3]。

　　1989 年美国图书馆协会（American Library Association，简称 ALA）下设的"信息素养总统委员会"在其年度报告中对信息素养的含义进行了重新概括：要成为一个有信息素养的人，就必须能够确定何时需要信息并且能够有效地查寻、评价和使用所需要的信息[3]。

　　1992 年，Doyle 在《信息素养全美论坛的终结报告》中将信息素养定义为：一个具有信息素养的人，能够认识到精确完整的信息是做出合理决策的基础，确定对信息的需求，形成基于信息需求的问题，确定潜在的信息源，制定成功的检索方案，从包括基于计算机和其他信息源获取信息、评价信息、组织信息于实际的应用，将新信息与原有的知识体系进行融合以及在批判性思考和问题解决的过程中使用信息。[4]

　　如果素养指的是一个人的修养，那么在素养前面加一个定语"信息"，对素养的范围加一个限定，就成为信息素养。信息素养就应该可以简单理解为一个人在信息领域所拥有的修养。而修养泛指一个人在理论、知识、艺术、思想等方面所具备的一定水平，所以说信息素养可以解释为一个人在信息领域所掌握的文化知识、思想意识、道德理念、技术水平等多种综合性的能力。

二、信息素养的构成

　　结合我们对信息素养概念的理解，可以把信息素养分为四大部分：信息意识、信息知识、信息能力与信息道德。其中信息意识是先导，信息知识是基础，信息能力是核心，信息道德则是一切信息素养的保证。（图 2-2）

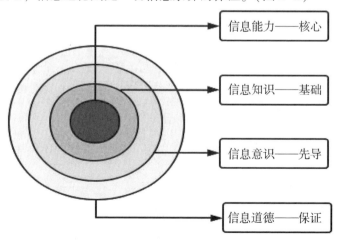

图 2-2　信息素养的基本构成

三、信息素养的标准

教育部于 2022 年印发了义务教育课程方案和课程标准（2022 年版），其中《义务教育信息科技课程标准（2022 年版）》强调：信息科技是现代科学技术领域的重要部分，主要研究以数字形式表达的信息及其应用中的科学原理、思维方法、处理过程和工程实现。同时提出了一个重要观点就是：信息科技课程目标要围绕核心素养，体现课程性质，反映课程理念。信息科技课程要培养的核心素养，主要包括信息意识、计算思维、数字化学习与创新、信息社会责任[5]。

关于信息素养的标准，国内外的说法略有不同：

2015 年 2 月，美国大学与研究图书馆协会（ACRL）正式发布了《高等教育信息素养框架》（Framework for Information Literacy for Higher Education，以下简称《框架》）：

标准 1：有信息素养的学生有能力决定所需信息的性质和范围。

标准 2：有信息素养的学生能够有效地取得需要信息。

标准 3：有信息素养的学生一个评定信息和他出处，然后把挑选信息整合到它们的知识库和价值体系。

标准 4：不管个人还是作为一个团体组员，有信息素养的学生能够有效利用信息来实现特定目标。

标准 5：有信息素养的学生熟悉很多和信息使用相关经济、法律和社会问题，并能合理正当地获取信息[6]。

2011 年，英国国立图书馆和大学图书馆协会（SCONUL）发布新的《信息素养七支柱标准》（The Seven Pillars of Information Literacy），对信息素养建立了七大支柱模型，分别为识别、审视、评估、计划、收集、管理和发布，以此定义了高等教育阶段学生应具备的信息素养的核心技能、态度和行为[7]。

2016 年 3 月，教育部高校图工委开始组织起草我国"高校信息素养教育标准和评价体系"，经过 2 年多、10 余次会议讨论与意见征询，该标准修订稿于 2018 年 6 月呈报给高教司[8]。

教育部于 2000 年印发《中小学信息技术课程指导纲要（试行）》的通知，对从娃娃抓起的信息技术教育提出了"核心目标"：

以"增进信息意识，提升数字素养"作为课程初级目标；以"促进计算思维，培养编程能力"作为课程核心目标；以"体验技术实践，实现技术创新"作为课程高级目标[2]，并制定了相应的课程标准，如表 2-1 所示。

表 2-1 中小学信息科技课程标准

	兴趣特长	应用技能	信息素养	技术创新
小学	激发兴趣，保持学习动机	掌握常用软件/工具的应用技能	体验信息活动形成信息意识	勇于质疑和问题意识敢于尝试的创新精神
初中	巩固兴趣，发现特长	拓展+提升初步具备一技之长	自主选择综合运用	创新能力培养，改进方案，动手创新
高中	专业学习和发展兴趣	自选门类专业发展	信息、知识、智慧	某一技术门类的设计、制作、创造

第三节　信息知识

所谓信息知识就是指一切与信息有关的理论、知识和方法。因为信息的覆盖面很广，所以和信息相关的内容也非常多，这就直接导致信息知识将是一个很大的范畴。

一、传统文化知识

信息是经过加工处理的数据，也就是说信息源于数据，而数据源于生活，故生活中的点点滴滴均可以列为信息知识的内容。

世界各国、各民族都有属于自己的独特传统文化，传统文化（Traditional culture）是各个民族从其诞生以来其民族历史上的各种思想、文化、观念、事件等的总体表现，也就是说由各民族文明演化汇集而成的一种反映其民族特质、民族风貌、民族习惯、民族禁忌等文化。

文化（culture）本身是一个比较大的概念。文化是一种社会现象，是人们长期创造形成的产物。同时文化又是一种历史现象，是社会历史的积淀物。文化可以从多种角度进行分类：

◆时间角度

分类	案例
原始文化	绳结记事、图腾崇拜、钻木取火、群居狩猎等
古代文化	道德经、焚书坑儒、木金水火土、仁义礼智信、赤壁之战等
近代文化	洋务运动、私塾学堂、戊戌维新、科举制度、五四运动等
现代文化	大数据、人工智能、联合国、新时代中国特色社会主义等

◆空间角度

分类	案例
东方文化	敦煌艺术、儒家思想、幕府文化、高丽王朝、内丹修炼等
西方文化	法国大革命、亚里士多德、日心说、人文主义思想等
海洋文化	海洋民俗、海洋考古、海洋信仰、渔村生活、航海技术等[9]
大陆文化	农耕文明、陆地漂移说、埃及金字塔等
岛国文化	日本文化、澳大利亚文化等

◆社会层面

分类	案例
贵族文化	骑士精神、周代分封宗法制、名门望族、飨燕之礼等
平民文化	世俗文化、草根文化、贬官文化等
官方文化	儒家文化、基督教文化、马克思主义文化等
民间文化	民歌、传说、谚语、戏曲、评书、京剧脸谱、木版画、陕西剪纸等
边缘文化	共生思想、非主流、网红、风俗、习惯等

◆社会功能

分类	案例
礼仪文化	酒宴礼仪、政务礼仪、商务礼仪、社交礼仪、涉外礼仪等
服饰文化	职场服饰、婚嫁服饰、校服、汉服等
校园文化	宿舍文化、校园建筑、校园景观、教室文化、校风学风等
企业文化	职工文化、企业愿景、企业精神、企业制度、企业产品等

◆逻辑层次

分类	案例
物态文化	建筑、器皿、服装、食物、交通工具等
心态文化	心理特征、心理素质、审美、要求、愿望、情绪、风尚等
行为文化	文明用语、人际交往、体育健身、日常行为等
制度文化	行政管理体制、人才选拔制度、教师聘任制度、法律制度等

◆经济形态

分类	案例
牧猎文化	家禽饲养、猎犬、游牧民族、成吉思汗等
渔盐文化	煮海成盐、渔船制造、海上垂钓、海产养殖、休闲渔村等
农业文化	岁时节令、农事祭祀、农具制造、农机应用、育种育苗等
工业文化	工业创造、工匠精神、流水线生产、工业自动化、工业控制等
商业文化	商业广告、商业环境、商业营销、经管空间、财经管理等

除此之外，不同领域的专家对文化也有更多的分类，但所有的文化之所以能够流传或传承下来，同样离不开载体。而这个载体自人类文明产生以来就一直默默地工作着，无论语言、文字、纸张、书籍、网络还是各类电子设备，无时无刻不在一代又一代地传递着各国、各民族的文化。而在这些文化中可以看到数据的影子、信息的影子、知识的影子。

所有的文化都是人类不断积累下来的数据，都是人类精心提炼出来的信息，都是人类心血凝聚的知识。所以说，所有的传统文化知识都属于信息知识。

有这样一个案例：

某人要去一家世界500强公司应聘营销岗位，在他去应聘之前需要了解并掌握哪些信息知识呢？

首先，他需要对这家公司的企业文化有一个深入的了解，他必须知道这家公司是否适合自己，或者说自己的个人条件、学历、资历、能力是否能够胜任这家公司；接下来，他要对自己想要应聘的岗位有一个深入的了解，她必须知道这家公司营销的主要产品是什么，自己将采取怎样的方法将产品推销出去；第三，她要为面试做好充分的准备，他需要清楚去公司应聘应该怎样着装、掌握什么样的礼仪、用什么样的语言等。这些都是他在应聘之前必须明确的信息，只有掌握了这些信息知识，他才有资格去和公司谈条件，才有应聘成功的希望。

不难想象，如果一个人连最基本的文明礼仪、文字书写、语言表达和计算能力都不具备的话，怎么可能会有敏锐的信息意识和较强的信息判断能力，在步入信息社会，面对充满计算机互联网的信息，他又将如何去获得并利用呢？可见，传统文化知识是信息素养最基本的环节，是一个人具备信息素养的前提。

二、信息基础知识

信息基础知识，包括信息的概念、信息的类型、信息的特征、信息的发展以及信息对人类社会的影响等多个方面。

对于信息的概念和特征，在第一章已经详细说明了，下面来了解按不同的标准，从不同的侧面对信息进行分类，只有明确信息的类型才能对信息进行更深层次的分析与处理，才能真正理解信息所涵盖的意义。

（一）根据信息的来源分为内部信息和外部信息

内部信息泛指来自事物内部的信息或者反映系统内部情况的信息，也可理解为只在某些特殊范围内传递的信息。

例如企业内部的各种销售记录、生产记录、业务报表、分析报告、工作计划和经营决策等。

内部信息根据其机密程度，还可以理解为公开、半公开和不公开3类。

例如：某高校各专业的人才培养方案，虽然不算机密，但这些信息主要在本校内传播，属于校内的信息，可以称之为学校的内部信息。但这类信息不是绝对机密的，偶尔有外校人员借鉴的时候也可以对外公开，因为他只是反映了学校内部的一些要求，并无秘密可言，所以这类内部信息是可以公开的。

又如：某高校《会计学》教师上课所用的教学课件以及其讲授的精华内容是凝聚了她本人在教学和实践中的经验和心血，因此她在授课的时候不允许校方及学生拍照、录像，她的教学课件也绝不在网上公开传播。因为这些信息属于她本人，对她来说这是她自己的内部信息，这些信息就属于半公开的信息。

再如：我们常常听到博彩行业中某人说收到消息，说某只股票将要涨或跌，某匹马一定会跑第一，等等，这些消息是行业内部传播的信息，这类信息不是一般人可以获得的，而是通过特殊人群利用特殊渠道获得的，这类信息就属于不公开的信息。

带有机密属性的内部信息，是因为这些信息对某些特定的事物有着特定的意义和作用。例如某公司销售部门的经理拥有公司所有客户的个人信息，便于开展工作。但这些信息对这个公司来说属于内部信息，不能被别人截获，一旦这些内部信息被同类公司截获，那将属于信息泄露，将会对本公司造成不可挽回的严重影响。因此说内部信息是一种有条件的信息，如果脱离了特定的条件，内部信息也就失去其原来的作用和价值，也就谈不上内部信息了。

外部信息是相对内部信息而言的，主要反映的是系统外部环境的变化。

例如：一所学校的办学地点、校园环境、师资力量、办学层次及它的招生简章、升学比例、就业比例等都是直接向外界公开的，并且通过这些公开的信息来吸引学生报考，这些就是该学校的外部信息。

再如：国家的政策、法律、法规都属于外部信息[10]。

有时内部信息和外部信息是同时存在于一个事物中，并且是可以相互转换的。

例如：生活中的声控灯，当我们发出声音的时候，声音作为一种外部信息传递到声控灯的内部，声控灯接收到外部声音信息后，在其内部经过复杂的处理就转换成一条声控灯内部的电路信息。通过这个电路信息（声控灯内部信息）使声控灯做出发出光亮的反应，而这发出的光亮是能被我们看到的外部信息。这就是外部信息转换成内部信息，最后再转换成另一种外部信息。

（二）根据信息产生的过程分为原始信息和加工信息

原始信息也被称为一手信息或者一手资料，是人们通过自己实践活动直接产生或得到的数据、概念、知识或经验教训等，也可称之为最初获得的信息。

例如前文提到的，通过对学生学习习惯的调查问卷分析来预测学生的学习成绩，在这项研究过程中，收到的学生调查问卷就是原始信息，属于第一手资料。因为这些信息是从调查对象手中直接产生的，没有经过任何的加工处理，是最具有说服性的。在公安决策工作中最常用、最大量，也是最广泛应用的就是原始信息，同时这些原始信息相对来说也是最有价值的。

加工信息则是在原始信息的基础之上，进行2次处理、3次处理或更多次的处理，以求在原始信息的基础上获得所需的内容。

例如：虽然我们通过调查问卷获得了学生学习习惯的第一手资料，也就是原始信息，但在这些原始信息中存在一定的问题。有的学生非常认真客观地填写调查问卷；而有的学生则是随便地选择了一个答案，也许和他的实际情况并不相符；还有部分学生比较谨慎，担心问卷的结果会对自己产生不好的影响，所以在填写的时候全部选择对自己有利的，而没有反映自己的真实情况。这样的信息如果不经过二次加工处理，就会对后续的工作造成影响，最终改变整个实验的效果。

再如，我们收集了大量的英文原文信息，但当我们应用到自己的中文材料或国内汉语环境下时，就需要将英文原始信息翻译成中文，这也是原始信息的二次加工处理，经过二次加工处理的信息才能为我们方便使用。

（三）根据信息自然属性分为自然信息和人类信息

自然信息非常好理解，是物质存在方式和状态的自身显示，就是自然界直接向人们展示、提供的信息，它是自然存在的，没有经过处理和加工。

例如：在日常生活中见到的四季变化、阴晴圆缺、风雨雷电都是自然现象，它给我们带来的信息就是自然信息。如果你漫步在九寨沟，看蓝天碧水，听林间鸟鸣，闻草地花香，甚至路边成群结队行进的蚂蚁或者翩翩起舞的彩蝶……这些同样是大自然的本色，是自然信息。

还有2022年11月8日17:09分开始的激发全国人民共同观测的"红月亮"事件。如果是通过肉眼、天文望远镜或者其他特殊装备坚持在17:09—20:49完整地看完的"红月亮"就属于大自然给予我们的自然信息；但如果是通过观看电视台后期制作的仅有几分钟的"红月亮"视频节目，那就不属于自然信息了。可见自然信息就是大自然为我们提供的初次信息，没有经过任何加工的原始信息。

人类信息泛指由于人类的存在和活动所产生的信息。包括各种文化、科技、政治、经济、娱乐、社会等方面，也包括人类自己的情感、观点、态度、情绪、经验等。

例如：2023 年 1 月 15 日 21：30 分在中央 CCTV8 全球首映的由我国著名科幻小说家刘慈欣作品《三体》改编的电视剧，很多人在听到这个消息的时候表现得非常激动、兴奋、开心，在观看的时候更是有诸多的感慨。这个电视剧本身是人类的文化娱乐活动，属于人类信息；人们在看这个电视剧所产生的各种情绪也属于人类信息；《三体》这部小说在整个文化界、科学界乃至国际社会所产生的影响更属于人类信息。

（四）根据信息的时效性分为短期信息和长效信息

这里对信息的分类方法主要依据信息的时效性这一特征，虽然信息客观存在于无限宇宙之中，但不是所有信息都是永恒的。有些信息只在短期内属于有效信息，超过时效就成为无用的信息，或者说降低为无用的数据。像新闻类的信息一般都属于短期信息，这类信息讲求短、平、快，必须在第一时间发出才能起到其应有的作用。而有的信息却能在人类文明的历史长河中经久不衰，源远流长。

例如：某线上平台的房屋招租信息，一般这类信息都属于短期信息。若不是在第一时间看到这类信息，虽然这个房屋的各方面条件正好符合需求，但联系招租单位的时候，这个房屋有可能已经被出租了。说明这个信息属于短期信息，具有一定时效性。

而我们常见的各类书籍、文献以及电影、电视等载体所承载的信息就属于长效信息。例如我们想了解甲午战争的历史，可以查找关于甲午战争的历史书籍文献，也可以观看《甲午战争》的影片，这些信息是可以长久保留并可以一代一代传承下去的，属于长效信息。

（五）根据信息的效果分为感知信息和作用信息

我们接收的信息或使用的信息会对我们自身或他人产生一定的效果，通过其产生的效果可以把信息分为感知信息和作用信息两类。感知信息是通过我们的感觉器官（眼、耳、口、鼻、舌、身）所品味到的酸、甜、苦、辣、咸，听到的刺耳或悦耳之音，感受到的疲劳、疼痛等都属于信息。例如 2022 年 12 月份的某种传播性病毒，人们在患病的过程中体验到了各种不同的感知信息：有的人浑身疼痛，每个关节甚至皮肤都剧烈疼痛；有人是高烧不退，低烧不断；有人是眼泪汪汪，屁如连珠；有人则是上吐下泻，体重骤减；愈后也有很多人咳嗽、咳痰、胸闷气短，等等，这些都是人体给我们提供的感知信息。

作用信息是指由于外界事物的影响对我们产生作用的信息。这种信息与感知信息不一样，虽然最终产生的结果可能一样，但产生结果的前提条件却是不同的。

例如：学生在军训的时候，听到教官喊"立正"，学生的身体马上通过这个信息做出了相应的反应，那么这个"立正"的信息对学生来说就是作用信息，因为这个信息立刻就产生了作用。

（六）根据信息的载体不同分为文字信息、图形（图像）信息、声音信息和视频信息

这是对信息最为普遍的一种分类，主要也是依据信息载体不同而进行区分的。

1. 文字信息

文字信息主要通过"文字"作为载体传播信息。文字在语言学中指书面语等，人们意思表达的视觉形式，古代把独体字叫作"文"，把合体字叫作"字"，如今联合起来叫作"文字"，文字的基本个体叫作"字"[11]。在日常生活中，"文字"还可以指我们平时阅读的文章（纸制版和电子版）、人与人之间交流的语言等。人类文明发展的初期通过口语来传递信息，口语受时间和空间的限制，同时也会在传播过程中受外界的各种影响，但"文字"作为一种视觉符号形式，就可以做到对在信息传播过程中的跨时空和相对准确性。

例如：一些综艺节目中常有这样的活动，第一个人向远处的第二人大声喊出一句话（通过声音传递信息）；第二个人听到后再大声向第三个人传递，以此类推；到最后一个人的时候他所接收到的信息可能和最初的信息完全不一致，这说明信息如果通过声音载体传播很大程度上会出现偏差。但如果把要传播的信息以文字的形式写在纸上或发送到手机上，那么无论经过多少次的传递，文字信息几乎是不会改变的。

2. 图形（图像）信息

图形（图像）信息指的是将信息通过图形或图像，以一个具体或抽象的形象进行传递的可识别的信息。人的大脑更加偏爱图形，当我们把一些烦琐的文字替换成生动的图形时，人们对信息的理解和接受就更加容易。

例如：我们在讲解帕列托（Pareto）法则（图2-3）的时候，可以利用大量的文字来解释说明，但听众可能还是会一头雾水；如果我们改成简单明了的图片，整体的效果便会更好一些。

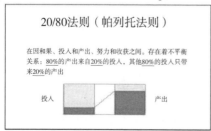 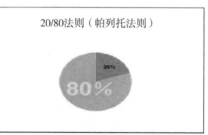

图2-3　帕列托法则的文字法与图形法

再如，向日葵象征着朝气蓬勃，用一段文字与配以图片的表达效果是不一样的（图2-4）。

图 2-4　图片加文字的效果

3. 声音信息

声音信息是以"声音"为载体传播的信息。所谓声音是通过介质（空气、固体或液体）传播并能被人或动物听觉器官所感知的波动现象。最初发出振动（震动）的物体叫声源。声音以波的形式振动（震动）传播。声音是声波通过任何物质传播形成的运动[12]。我们这里所说的声音信息和人类文明最初的口口相传不一样，这里的声音信息是指通过实体的媒介来存储和传递的声音信息，例如 MP3、唱片、录音带等。声音信息和文字信息以及图形（图像）信息的最大区别是信息变得更加灵动，不再平淡无奇，而是加入了人类的情感，或者说充满了生活气息，更具有人情味了。

例如：我们通过阅读文字版的文学作品《三体》，我们只能通过文字自己去想象作品中的人物情感、人物的对话，我们也只能通过文字去想象当时的语气、心态。但当我们听到有声书《三体》的时候，感受就不一样了，专业的配音员和讲解员声情并茂地讲述这个科幻故事，给听众一种身临其境的感觉。再如我们看到故去老人的照片和听到故去老人的录音，感受也是不一样的。

4. 视频信息

视频信息则是指把声音、文字、图形（图像）等信息通过视频载体整合到一起来保存和传递。视频泛指将一系列静态影像以电信号的方式加以捕捉、记录、处理、储存、传送与重现的各种技术。连续的图像变化每秒超过 24 帧（frame）画面以上时，根据视觉暂留原理，肉眼无法辨别单幅的静态画面；看上去是平滑连续的视觉效果，这样连续的画面叫作视频[13]。在信息的载体中，视频是目前最为先进，也是最为流行的一种载体，视频信息不仅能够更准确地展示信息原有的内容与特征，还能为接受者提供更有价值的分析、理解与想象空间，无论采取怎样的技术手段，无论存储视频信息的设备先进与否，都能更为真实地体现信息的价值所在。

例如：我国的嫦娥工程、揽月计划以及神舟十五号载人计划的圆满成功，所有的信息都是通过视频进行展示、分析与存储的，通过视频信息可以保留所有工作的每一个细节，为将来科技水平的进一步提高打下坚实的基础，并提供最有效的帮助。

（七）根据信息的逻辑关系分为描述性信息、评价性信息和规范性信息

依据信息的逻辑关系对信息进行分类，是一种比较少见却很有意思的分类法。根据逻辑关系，把信息分成描述性信息、评价性信息和规范性信息，换言之就是这种事物是什么，这种事物怎么样，这种事物怎么做。

例如：兔年到了，朋友亲手制作了一只小兔子毛绒玩具，当她把作品拿给我看的时候，我看到了这样的信息：

◆这只玩具的形状是只小兔子，是软软的毛绒玩具。这是一条对小兔子玩具材质的描述性信息——是什么？

◆我发现这只小兔子玩具的造型非常别致，尤其是可爱的表情特别有创意，设计感特别强。这是一条对小兔子玩具进行评价的评价性信息——怎么样？

◆我太喜欢这只兔子了，我要利用我的 QQ 空间、微信朋友圈、抖音平台账号把他打造成兔年爆款玩具。这是一条准备把信息进行整合规范的规范性信息——怎么做？

但是这种对信息的分类方法很容易将描述信息和评价信息混淆。描述性信息在表达的时候往往会因为上下文的不同而显示出不同的褒贬义色彩，而有的描述性信息还特别容易让人联想到某种评价，例如：这个瓶子的耐用性很高，这属于描述性信息；这个瓶子很耐用，这就属于评价性信息了。所以，如果想要催促某人做出评价，只需配合他的评价标准给出描述信息即可。同样，评价信息也容易被人理解为判断信息，因为他们之间有较为普遍的行动原理。

如果一个人听不懂你说的话，那么可以分析为：A. 不懂话中包括的描述信息，多半是有专业名词。B. 不懂其评价含义，不明白究竟这句话想说的是好是坏，所以必要时还要追加说明评判标准。C. 不懂你究竟想让我怎么做，这一步有时可以省略来达到让对方按照自己的行动原理来做出规范信息，更有说服力。再往前看，连评价信息也省略，只说出描述信息，则会达到委婉表达的效果。[14]

除了上面提到的 7 种分类方法外，还可以根据信息的知识维度分为教学信息、实用技能信息、常识通识信息、个人交际信息等；根据信息掌握的程度分为我了解的信息、我记住的信息和我会运用的信息等；根据信息产生的时间分为历史性信息、现代信息和未来信息；根据信息的性质分为事实性信息、观点性信息和情感性信息等。总之，信息的分类方式非常多，由此可见，信息在生活中随处可见，我们的生活每时每秒都处在了解信息、掌握信息和运用信息过程中。

三、信息技术知识

信息技术知识包括第一章所讲的信息技术概念、分类以及信息技术的发展历

程和发展趋势。主要包括三大类：数据获取技术、信息获取技术和信息处理技术。

四、语言文字知识

前文讲过信息知识包括传统文化知识，这里的传统文化知识不单指我国的传统文化，而是全世界的传统文化知识。我们想了解自己国家的传统文化知识，首先就要学会汉语，要从文字、语言中获取信息就必须能看懂、听懂、读懂承载信息的语言文字。当我们想了解地方特色或少数民族知识时，还需要懂得地方的方言以及少数民族的语言和文字。

随着世界经济的发展进步，互联网技术的逐步提升，世界已经变得越来越小，出国也不再是遥不可及的梦想。那么，当你走出国门，学习全世界的新知识新技术，但是你却不会外语，听不懂外国人说话，看不懂外国人的书籍，那么走出国门一定是寸步难行。可见掌握一门外语对获取信息，提高信息素养也较为重要。

第四节 信息能力

信息能力指的是获取、理解、利用信息以及运用信息技术的能力[15]。信息是无时无刻存在的、变化的和发展的，信息能力也是需要不断提升和进步的。所以笔者认为：在当今这个信息时代，具备了信息能力，其实就是具备了终身学习的能力。

信息能力可以细分为6种能力（图2-5）：

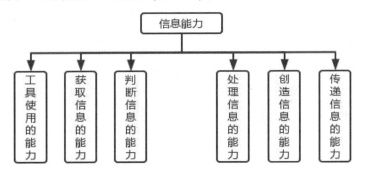

图2-5　信息能力的分类

一、工具使用的能力

工具使用的能力指的是信息工具使用能力，所谓信息工具就是在对信息进行获取、理解和应用过程中涉及的各类硬件、软件工具。信息不是凭空想象出来的，是在对大量数据的挖掘、处理、分析后总结出来的，而对所有数据的各种处理都离不开工具，要想获得自己所需的信息，与之相关的工具都应该能够很好地运用。例如：想要获取图形（图像）信息，就要会使用绘画工具、拍照工具、图形图像处理工具等；想要通过调查问卷获取信息，就要会利用问卷星 App 制作自己需要的问卷或者会利用 Word 设计一个问卷，同时还要学会使用打印机、复印机等相关设备。

二、获取信息的能力

现实生活中，人们往往要利用所获得的信息来指导自己的学习、工作并改善自己的生活。当我们想要获得某类信息的时候，采取什么方法、利用什么工具、通过什么渠道来获得，如何能在最短的时间内、用最简单的方法获得所需信息，这是信息时代每个人都应该具备的最基础的信息能力。

例如：现在有全班同学的各科成绩汇总表，想看一下各科的状元是谁，还要看一下总分排名第一的是谁。怎样才能迅速得到自己想要的信息呢？不会计算机的同学可能要利用纸笔来进行计算和比对，至少需要 1h 的时间来完成。如果使用计算机 Excel 软件进行相关操作，就可以利用 Excel 中的排序、求和、筛选等功能，1min 之内就能找出所需的信息。这里涉及的就是利用工具对数据进行处理，最终得到所需信息的能力。

再如：某人想利用假期去海南旅游，应该怎样完成计划呢？他可以利用百度搜索引擎进行旅游攻略的查询，可以利用携程等网站进行酒店及车票、机票的预订，可以利用外卖 App 足不出户就品到自己想吃的当地美食。这里涉及的所有信息都是通过互联网来获取的。

你可能会说，原来获取信息的能力就是会上网、会搜索呗。其实就算你会上网、会搜索，如果你不具备获取信息的能力，你一样无法最高效地获取信息。举个最简单的例子：想写一篇关于对教育信息化理解的心得，需要利用百度查阅国家相关文件规定以及国内知名专家对这一问题的不同观点，那么你将在百度搜索栏中输入什么关键词呢？如果你输入的关键词范围太广，那么你筛选可用信息的过程就很麻烦，会浪费大量的时间，如果你能够合理把"+, -, ＊,?"等符号加入关键词中，那么你就有可能迅速查到自己所需的信息，这就是不同人获取信息能力的不同！

三、判断信息的能力

信息是有真伪的，如果没有判断能力而使用了虚假信息，会造成不良的后果。历史上最典型的信息真伪事件就是《三国演义》第 45 回中的"蒋干盗书"一段：蒋干盗取了伪造的蔡瑁、张允写给周瑜的书信，内称"今已赚北军困于寨中，但得其便，即将操贼之首，献于麾下。"[16] 周瑜正是借此信和蒋干令曹操临阵斩了自己的水军大将蔡瑁、张允。在这个故事中，蔡瑁、张允写给周瑜的书信其实是一条假的信息，正是蒋干缺乏判读真伪信息的能力，才中了周瑜的反间计。

在信息时代，互联网上充斥着大量的信息，而这些信息的确存在着真伪之分，当我们接触到这些信息的时候，必须擦亮双眼，辨清真伪。回想过去艰辛抗击病毒的三年，除了看到医护人员的负重前行、管理人员的舍己为人，我们还看到网络上流行的传递的诸多虚假信息。有的人不为所动一笑而过，而有的人却信以为真并大肆宣扬，所以警务人员在保证人民生命财产安全的同时，还不得不坚持不懈地宣传：不造谣，不信谣，不传谣。这里的"谣"就是一种虚假信息，这类信息带给人们的全是负能量。例如：小丽接到一个电话，对方称自己是亚马逊网站的客服人员，问小丽最近是不是购买过几本书，书名是……（小丽确实在亚马逊官网购买了这些书）。电话中表示这些书已经发出（小丽通过物流信息确定当时书确实已经发货），但出版商发现书的质量存在问题，会影响小丽的阅读。出版商那边本着为客户服务的态度，决定向小丽重新快递没有问题的书，但需要小丽按出版商提供的链接重新提交一次申请（这里对方还特意强调，只是通过链接确认自己所购书的信息，之前已经发出的书不需要申请退款、不需要原物退回，更不需要对新发的书重新支付）。这条信息乍一看像是真的，因为对方向小丽提供的所有信息都是真实存在的，如果你是小丽，你会怎么做呢？

如果小丽接受重新发货而且无须再支付的条件，按对方提供的信息，点击并进入对方提供的所谓出版商的链接，那么接下来的操作将会导致小丽在财务上出现损失，因为最后验证这个客服是假的，他所说的信息也是假的，而那条链接则是一个诱导别人提供银行验证码的链接。

正确的做法是什么呢？小丽没有直接点击对方提供的链接，而是在亚马逊官网上联系了真正的客服，向他求证了事情的真相。

通过这个例子不难看出，所有的虚假信息伪装得和真信息一模一样，假信息之所以会成功就是利用了人们贪婪、虚荣等惰性心理。所以说具备信息素养的人，面对数不胜数的信息，必须能够正确判断信息的真伪，利用真正有用的信息为自己的学习、生活和工作提供帮助；还要能够慧眼识真金，把虚假的信息分辨出来，以免造成无法挽回的影响。

四、处理信息的能力

信息是经过处理的数据，但获得的信息却不一定就是我们需要的信息，当我们获得大量信息后，还应具备对这些信息进行后期处理的能力。处理信息的能力根据信息类型的不同涉及各个领域，如数据分析能力、资料整合能力、编辑排版能力、图形图像处理能力、交流沟通能力等。

例如：学校组织一场比赛，参赛的选手有15人，评委有9人。评选的规则是9个评委分别为每位选手打分，最后得分是通过去掉一个最高分和一个最低分，再把剩下的分数取平均值。在这个过程中每位评委给活动组委会提供的是自己针对不同选手给出的最终得分，是一条真实准确的信息。当组委会拿到这135条信息后，必须经过处理才能得到最终所需的信息，这个时候就是考验组委会数据分析处理能力了，135条信息不可能利用人工一个一个查最高分最低分再算平均分，那样即使算出结果也会耗费较长时间。而利用Excel中的一个函数"TRIMMEAN"功能就可以轻松解决。

在"平均分"的单元格内，输入这样一个公式："=TRIMMEAN（C3：K3，2/9）"。（图2-6）

"="代表在这个单元格内输入的是一个公式，用于计算；

"TRIMMEAN"是一个函数，表示"返回数据集的内部平均值"，即先从数据集的头部和尾部（最高值和最低值）除去一定百分比的数据点，然后再求平均值[18]；

"C3：K3"表示一个数据集，即从C3列~K3列的所有数据；

"2/9"表示在9个数据中去除2个。

L3			fx	=TRIMMEAN(C3:K3, 2/9)							
	A	B	C	D	E	F	G	H	I	J	K	L
1	2022年优秀研究生评分表											
2	序号	姓名	评委1	评委2	评委3	评委4	评委5	评委6	评委7	评委8	评委9	平均分
3	1	张三	98	87	90	93	95	92	89	88	87	90.57

图2-6 处理信息的能力——求平均值

再如，教师在进行课堂教学时会对学生进行提问，如果学生积极性不高没有人主动举手回答问题，那么教师就可以利用Excel中的一个函数制作一个小小的信息处理公式，随机抽取学生回答问题：

在最终确定人选单元格内，输入公式"=INDEX（C：C，RANDBETWEEN（2，28））"。（图2-7）

F3			fx	=INDEX(C:C, RANDBETWEEN(2, 28))		
	A	B	C	D	E	F	G
1	序号	学号	姓名			抽取学生	
2	1	21017061	王伟夫				
3	2	21017062	王禹			王禹	
4	3	21017063	徐志博				

图2-7 处理信息的能力——随机选人

其中"INDEX"是一个函数，表示"返回指定的行与列交叉处的单元格"；"C：C"表示第 C 列，如果想显示的是学生的学号而不是姓名，则设为 B：B；"RANDBETWEEN（2，28）"表示在 2~28 行之间随机选一个数据。

大家千万不要认为处理信息的能力就是指利用计算机软件对数据进行分析处理，其实处理信息的能力还很多很广，例如企业高管在收集客户信息后，如何从中选出对自己企业有利的信息、高考学生在了解多所高校历年录取信息后如何填报志愿等都属于处理信息能力的范畴。在第五章信息技术与实践应用中会结合实际学习和工作，详细讲解如何获取、处理和分析所需信息。

五、创造信息的能力

创造信息的能力是指将信息收集后，运用创造性思维、灵感思维与发散思维等多种方法，经过观察、分析、研究和判断各信息之间的相互关系和作用，并利用现有的信息做出新的判断、新的预测、新的设想，从而产生新的信息生长点，创造出更有价值的新信息。

例如：在诸多谍战影片中涉及的密码，其实就是将原有信息（密文）经过新的处理（利用密码本及编码规则等），让其看起来毫无价值可言，甚至是杂乱无章的乱码产生出新的、真正有价值的信息（解密后的明文）。再如英语老师教中国学生读英语单词"FISH"的时候，传统方法是分析 [f,ʃ] 中各个音标的具体发音，这属于利用英语学习的原有信息。而有的老师则是经过自己个人分析并结合中国学生特点以及中国语言特色，在讲授"FISH"单词读音的时候，问学生："你们都爱吃鱼吗？你们在吃鱼感觉很香的时候，还有一个比较难受的感觉是什么？"学生们回答："因为鱼有刺，吃起来虽然很香，但要小心鱼刺，要把鱼刺细心地挑出来，所以感觉吃鱼很费事！"正是因为这个"吃鱼比较费事"，老师便利用中国的文字"费事"引导学生学习"FISH"的发音。这就是利用生活常识以及汉语的语义创造出一条新的信息。

除了学习方法、教学方法的创新之外，我们科学技术的发展与进步其实都是在原有传统文化传统技术的基础之上，通过更深入地研究而获得了，换一个思路来理解也是属于一种科技信息的创新。

六、传递信息的能力

信息不是意识，也不是物质，他只有被载体传递流动起来才能称为信息。信息的传递一般分为 3 个基本环节：信息来源（主要用于产生信息）、信息通道（主要用于传输信息）和信息归宿（主要用于接收信息）。当一条信息通过一个传递过程（3 个基本环节）后，就体现了其价值所在，这里我们暂将其称为"信息点"。当"信息点"一个一个地被连接起来，或者说多个信息传递过程相连，就形成了"信息网"。当信息在这张"信息网"中不断地传递、转换、发展、创新时，就形成了我们常说的"信息流"。

从古至今，传递信息的能力就是指能够利用合适的方法将自己所了解的信息传达给其他人，或者说是传递到你想要传递到的地方。

◆最典型的信息传递

最典型的信息传递是通过"文字""书信""信使"来进行的：造纸术发明以前，我国古代常见的"信"是用漆写在薄木板上，被称为"木牍"。木牍的长度一般是1尺左右（1尺=33.3333cm），因此又称被为"尺牍"。也有人把信写在丝绸上，叫作"尺素"。唐代张九龄就有诗云：　"委曲风波事，难为尺素传。[17]"尺素指的就是"信"。

当纸发明后，就出现了"信笺"和"信封"。信笺就是我们现在常用的信纸。我国古代著名的"信笺"很多，有五色笺、锦色笺、百韵笺、凤尾笺等。最著名的是蜀笺中的薛涛笺，是一种小篇的用华贵纸张制成并饰有花纹的信纸。秦汉时，书信大多是写在竹简或木笺上，然后再用两块刻成鲤鱼形的木板，作为一底一盖，将笺牍夹在中间。这种木板可算是历史上最早的"信封"了。到了唐朝贞观时代开始用朝鲜厚茧纸制信封，形若鲤鱼，两面俱画鳞甲，腹中可以藏书，名曰"鲤鱼函"。

古代将使者称之为"信"或"使"，合起来就是"信使"。比如司马相如的作品《喻巴蜀檄》中提到："故遣信使，晓谕百姓以发卒之事。"[18]。

◆有趣的信息传递

有趣的信息传递方法更是不胜枚举，如"飞鸽传信""鸿雁传书""孔明灯""烽火狼烟""摔杯为号""漂流瓶"等。

◆多样的信息传递

多样的信息传递是动物之间的信息传递方式：漂亮的萤火虫在夜间一闪一闪地发光，其实是在告诉异性自己的存在；雄孔雀美丽的开屏，其实是在向雌孔雀示爱；小狗在树下、电线杆下等地排泄尿粪，其实是在向其他同类宣告这是自己的领地；亚马孙雨林中的热带蝴蝶，能够通过发声器官奏出美妙歌声招来大批蚂蚁保镖，从而避免被黄蜂荼毒；当蟋蟀利用翅膀摩擦发出的像乐曲一般清脆动听的声音声调轻幽，犹如窃窃私语，一定是雌雄在一起耳鬓厮磨；当狐狸和狼等发现威胁来自空中，发出的声音单调而冗长，一旦空中威胁已经降临地面，就每隔8秒钟发一次警报……

随着时代的发展、科学的进步，人们传递信息的方式也在发生着变化，从最初的口口相传、文字传播到后来的有线通信传输（固定电话、传真、电报、电视）、无线通信传输（对讲机、传呼机、手提电话、收音机），以及现在我们最熟悉不过的数字通信传输（网络、电脑、数字世界）等。同时传递的内容也不仅仅是普通的语音、文字、图像、音频和视频，信息的内容已经发展成更为系统的现代化远程教育、因新冠疫情而飞速发展的线上平台等。

第五节　信息意识

一、信息意识的概念

信息意识是信息主体在从事信息活动过程中，对主客观世界的能动反应。是信息主体在与信息有关的认知活动中产生的感受，并在感受积累的基础上形成的对信息活动的觉知能力[19]。从心理学角度讲，信息意识属于意识的一种，是人类所特有的。也有学者认为信息意识是信息和信息活动在人们头脑中的能动反映，是指人对信息敏锐的感受力、判断力和洞察力，即人主动寻求信息、敏锐获得信息、客观判断信息、充分利用信息的意识和能力[20]。通俗地讲，就是当人们面对不懂、不会或不明白的东西，不是放任不管，而是能不能积极主动地去寻找答案，并知道应该到什么地方，用什么方法或手段去寻求自己所需要的答案，这就是信息意识（图2-8）。

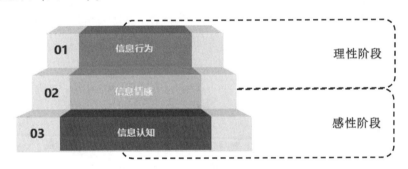

图2-8　信息意识的内涵

二、信息意识的内涵

信息意识可结合人的心理意识分为2个阶段、3个层面，即感性、理性2个阶段和信息认知、信息情感、信息行为3个层面。

信息意识与人们对客观事物的认识一样，会体现为感性认识和理性认识，会很自然地表现出对事物的具体认知，对事物的好恶情感以及更为具体的行为倾向等。

（一）2个阶段

感性阶段是指主体由于某种随机的、临时性信息需求而接触和感知信息的外部世界及表面特征，是大脑类似于感性认识的反映，属于低级阶段。理性阶段是指主体对一系列感性意识的抽象和综合过程，是经过创造性思维而表现的共同本质及其运动的规律，属于高级阶段[21]。

(二) 3个层面

1. 信息认知

信息认知是人们通过自己的感觉器官（眼睛、耳朵、嘴巴、鼻子、四肢、大脑等）对外界事物整体属性的一个反映，包括对事物形状、大小、颜色、气味与温度的初步、简单且显而易见的认识。这个层级的信息意识属于人们对信息的感性认识阶段，相对比较低级，在这个阶段人们对信息的认识只是一个外观认识，没有任何人为因素存在，只是最表层的认识。例如早上 7 点钟，床头的闹钟突然响了，正在熟睡的人通过耳朵听到了这个声音，这是睡觉的人对闹钟传递来的声音信息的认知，是一种感性认识。

2. 信息情感

信息情感是人们在接触、感受信息的过程中所产生的内心体验。信息情感是以信息认知为基础的，也就是说，信息情感的产生源于对信息的认知。在信息情感中既有对事物的感性认识也有理性分析，因此信息情感是介于感性认识和理性认识两个阶段之间。例如当熟睡的人听到早上 7 点钟的闹钟声音后，第一反应是从睡梦中惊醒（感性认识），接下来的反应是大脑传递来的信息：该起床了。也就是说，人的大脑在接收到闹钟的声音信息后，在其内心所产生的体验就是生成另一个信息：该起床了（理性认识）。

3. 信息行为

信息行为是人们在信息认知和信息情感的基础上产生的对自身行为的驱动和具体动作，属于理性认识阶段，也可以说，是信息意识的外在表现。信息行为按人们产生行为的方式不同分为 3 种：主动行为、被动行为和潜意识行为（图2-9）。主

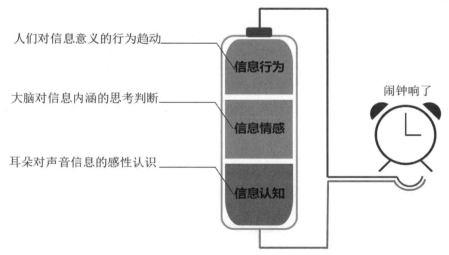

图 2-9　信息意识的 3 个层次关系

动行为是一种自觉的行为，具有一定的目的性和计划性，既可以是个体行为，也可以是群体行为；被动行为与主动行为相对应，即没有目的、没有计划、没有预见的行为，也可以理解为非自愿的信息行为；潜意识行为则是一种最高层次的信息行为，只有知识结构极其合理、信息心理极其强烈、信息实践经验极其丰富，头脑机敏者才有可能达到这种最高境界。例如当你听到早上 7 点钟闹钟给你传递的声音信息，使你产生信息认知后，大脑又在第一时间将信息感情的体验传递给你：该起床了，那么接下来你要做的就是起床、穿衣、洗漱、吃饭、上学或上班等一系列具体的行为动作。

理性意识依赖于感性意识，没有丰富的感性意识就不可能发展到正确的理性意识。可见，信息意识的培养不是一蹴而就的，是一个慢慢积累、逐渐进化的过程[22]。

第六节　信息道德

一、信息道德的概念

先秦思想家老子在其所著的《道德经》一书中说："道生之，德畜之，物形之，势成之。是以万物莫不尊道而贵德。道之尊，德之贵，夫莫之命而常自然。"[23] 其中"道"指的是自然运行与人世共通的真理；而"德"指的是人世的德行、品行、王道。在当时道与德是两个完全无关的概念，也没有"道德"一词。到了现代社会，才出现了以善恶评价的方式调整人与社会相互关系的准则、标准和规范的总和"道德"，才出现了我们现在所说的道德行为准则、道德行为标准等。而信息道德就是在信息时代出现的一种社会伦理道德，它是指人们在信息活动中应遵守的伦理道德规范，是信息社会调节人与人之间以及人与社会之间、人与自然之间的关系的信息行为规范的总和[24]。

笔者认为信息道德应该贯穿信息的产生、传递、发展、作用以及创新的整个过程，包括信息的采集、加工、存贮、传播和利用。在整个过程中由于信息所产生的各种人与人之间、人与社会之间、人与自然之间、人与事物之间的关系都应该受到一定的约束和规范。无论感性认识与体验还是理性分析与运用都应该存在道德意识、道德规范和道德行为。人们在进行与信息相关的一切活动中都应该遵守道德规范，自觉地通过自己的判断，用正确的人生观、世界观和价值观去规范自己的信息行为。

例如发生在 2018 年"人命偿狗命"网暴事件：童某 2 岁的小儿子被泰迪犬咬伤。他说，自己"护儿心切"，怒而摔狗。让他始料未及的是，一条泰迪犬之死，在当事双方和解的情况下，却掀起了网络声讨的巨浪。含有辱骂、指责字眼的电话、短信向他袭来。一些激动的网友甚至对童某及其家人进行死亡威胁。不堪骚扰的童某妻子林某选择了割腕自杀，欲"以人命偿狗命"。而继林某割腕之后，网络暴力的矛头又转向狗的女主人陈某。之所以出现这样的网暴事件，本质还是因为网友们在信息传递过程中信息道德的严重缺失[25]。

二、信息道德的构成

信息道德与信息意识一样，从心理学角度也可分为两大类型、3 个层次。两大类型指的是个人道德（single）与社会道德（society）；3 个层次指的是信息道德意识（awareness）、信息道德关系（affect）和信息道德活动（activity）。（图 2-10）

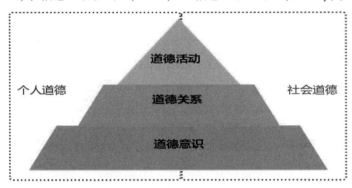

图 2-10　信息道德的结构模型

（一）两大类型

道德是社会意识形态之一，是人们共同生活及其行为的准则和规范。既然属于意识形态范畴，而且存在于社会之中，那么必然存在个人和社会两大类型。

个人信息道德指的是单独的个人在进行信息活动时表现出来的道德观念、道德情感、道德行为和道德品质。例如：当每一个中国人看到奥运赛场上冉冉升起的五星红旗时的激动心情，这是每个人收到祖国荣誉信息时所表现出来的价值认同；当得知有人盗用他们劳动成果为己谋取利益信息的时候人们所表现出来的厌恶和愤怒，这些也是个人信息道德的体现。

社会信息道德则是在社会信息活动中人与人的关系、人与社会的关系、人与自然的关系以及反映这些关系的各种行为准则与道德规范。例如我国《宪法》中规定的公民权利和义务；学校的各项教学管理、学生管理规定；为宣扬正能量，惩恶扬善等开展的各类宣传活动等都属于社会信息道德。

（二）3 个层次

信息道德依据人的心理活动过程，可细分为 3 个层次，这 3 个层次既存在递进关系，同时也是一种循环关系。无论个人信息道德还是社会信息道德，首先都是从思想意识开始的，思想意识决定后续的各种社会关系，社会关系的优劣直接影响

着最终所采取的活动，而最终的活动也会反过来作用于思想意识。（图 2-11）

图 2-11 信息道德 3 个层次关系

1. 信息道德意识

信息道德意识主要包括与信息相关的道德情感、道德观念、道德信念、道德意志、道德理想等，是驱动信息道德活动的直接心理动因。

例如：临近春节，当我们接到通知"不允许燃放烟花爆竹"，这个信息带给不同人的感受是不一样的，也就是说，每个人收到这条信息后，在其内心所产生的信息道德意识有所不同。有的人认为不允许燃放烟花爆竹正好可以杜绝环境污染，从而趋使其把用于购买烟花爆竹的钱投入其他年货中，把燃放烟花的时间转到陪伴家人；有的人则认为不燃放烟花爆竹就没有节日气氛，心里有些失落，可能保持沉默，也可能找没人的地方偷偷燃放。

2. 信息道德关系

信息道德关系包括个人与个人的关系、个人与群体的关系、群体与群体的关系以及个人与社会、个人与自然的关系等。这些关系一般都是建立在一定的权利和义务的基础之上，并以一定的信息道德规范形式表现出来。信息道德关系也是一种非常特殊的社会关系，它不是独立存在的，是依附其他社会关系的存在而存在，并被其他社会关系所左右。

例如：随着电子商务的发展，很多电商平台层出不穷，以京东为例。在疫情严重、防疫物资短缺的时候利用互联网，利用京东平台购买 N95 口罩，如果消费者想得到关于售卖的信息，首先得注册京东的会员（必须有京东的账号），符合这条规则了，消费者才能与京东产生一定的关系，京东才能为消费者提供你所需要的信息。这里消费者与京东之间就有了一个约定的关系，权利和义务的关系；接下来如果消费者在京东购买口罩时不想支付运费，那么就得满足一次订单总金额不低于99元的条件，符合了这条规则，才能享受京东提供的免运费的信息和待遇，或者消费者可以注册成为京东的Plus会员（依然需要符合道德规范）。这时候消费者就得受京东所制定的相关规定约束，用户和京东之间就有了一层经济关系，用户所需要的信息获得就会受到这层经济关系的制约。

3. 信息道德活动

信息道德活动也可以称之为信息道德的实践活动。是信息道德意识与信息道德关系在实际工作、生活中的实践体现。包括人们具体的信息道德行为，对信息活动中各种表现的道德评价以及将信息道德融入到教育和个人修养中等。

例如：当我得知可以在某短视频平台发表自己作品的信息后，马上在该平台注册了一个账号，并发表了个人作品。下面我们从信息道德的角度来分析一下这个事件：

◆获得信息后，思想意识中对这一事件非常认可，并马上采取了相应的行动。这是信息道德意识在起作用，通过自己对信息的分析和判断，认可了信息的价值所在。

◆为了可以实现自己在某平台上发表作品，于是依据网络相关规则，与该平台产生一定的关系，按要求注册账号，这是遵守了相关道德规范与行为准则，可以归属于信息道德关系。

◆万事俱备，开始发表自己的作品，那么这个作品就是自己在获得信息后最终驱使而成的行为，也可以说是具体的信息道德活动。如果该作品是充满正能量的，那么在信息道德评价中的用户得分就是优；如果作品里存在违规违纪的内容，那么在信息道德评价中该用户就会受到惩罚。

网络世界是虚无缥缈的，信息时代也是变幻莫测的，在这个世界这个时代的每个人都应该深刻地接受信息道德教育。无论中小学生还是大学生，都需要开展信息道德建设，避免网络文化中的糟粕、知识产权纠纷以及信息污染的出现，同时还要遵守相关的信息道德规范[25]。

三、信息道德的表现

信息道德是信息素养的重要组成部分，是信息素养的保证。那么在信息素养的培养过程中如何体现信息道德，或者说信息道德的具体表现有哪些。

（一）获取信息

信息可以通过多种渠道获得，但是在获得自己所需信息的同时，一定要注意必须在信息拥有者的授权下进行，未经允许不得恶意获取别人的信息，更不能利用非法手段进入别人的信息系统，窃取他人的劳动成果[26]。

例如：很多商业影视剧都有过这样的情节，主人公与对手一同参加某个创意活动，当主人公充满必胜信心的时候，突然发现对手提出的创意竟然和自己的一模一样，原因是对手派人破译了主人公的电脑密码，从而把主人公的创意窃为己有，这种获取信息的方式就是严重违反信息道德的。

（二）传递信息

信息是通过载体传递的，只有通过信息网、信息流传递起来的信息才能真正体现其价值。在信息传递过程中，信息道德的具体体现就是要及时、准确地传递真实、有效的信息。

例如：新冠疫情期间，为了保证师生的人身安全，学校要求每位外地的教师必须提前14天返回到学校所在城市。当我们得到这个消息的时候，必须至少在开学前14天之前将这个信息通知到每一位外地的教师，并且要将具体的要求准确无误地做好详细说明，这才是传递信息时具备了良好信息道德的表现。而我国古代关于十二生肖的传说中，老鼠把错误的时间（比规定时间错后了一天）告诉了猫，导致猫没有入选十二生肖，因此猫就把老鼠当成了自己的天敌，一路追杀。这虽然只是一个民间传说，但恰恰说明了在信息传递过程中如果没有遵守信息道德，无论有意还是无意把信息传递错误，都将会造成严重的后果。

（三）利用信息

获取信息后，一定要合理利用才能真正体现信息的价值，同时对于信息的利用要发扬民主，杜绝垄断，学会共享。

例如：去彝族少数民族地区旅游，导游一般都会分享给每位游客一条重要的信息：彝族小男孩的头顶有一撮长发，叫"天菩萨"，彝语称"如比"，是男魂居住的地方。"天菩萨"不是普通的发式，他代表着彝族男子的神灵，神圣不可侵犯，不许别人触摸。他人只要触碰到"天菩萨"就要赔偿，在古时有"摸天菩萨赔九匹马"的谚语。彝族谚语中有这样的规定："要人不玩天菩萨，逮人不捉天菩萨。"彝族人认为头上的"天菩萨"是神圣不可侵犯的，所以如果你觉得小男孩非常可爱，充满爱怜地抚摸他的头顶，那么你就犯了彝人的一大禁忌，因为那是绝不能有的侵犯行为。试想如果导游或者个别游客把这条禁忌占为己有，认为只要自己知道，自己不去触碰就可以，并没有把这条禁忌告诉其他游客，那么一旦出现问题就会影响整个旅游团队。

（四）生产信息

信息是可以再开发、再利用、再生产创新的。但是在生产新信息的同时要注意不能损害国家、社会、集体以及他人的利益，要自觉遵守知识产权，尊重他人的劳动成果，绝不能损害到他人合法的自由和权利。

例如：曾经红极一时的某乐队，因其演唱的4首歌曲涉嫌抄袭而退出演艺舞台。其实这就是他们在创作自己的歌曲时，没有遵守知识产权，而是把别人的劳动成果直接拿来为己所用，损害到了他人的合法权益。

第七节　本章小结

全球公认的 21 世纪公民的七大素养之一就是"信息素养"。信息素养是信息时代每个人都必须具备的基本生存能力，信息素养可以解释为一个人在信息领域所掌握的文化知识、思想意识、道德理念、技术水平等多种综合性的能力。信息素养由 4 部分构成：信息知识、信息能力、信息意识与信息道德。其中信息意识是先导，信息知识是基础，信息能力是核心，信息道德则是一切信息素养的保证。

信息知识是信息素养的"基础"，是指一切与信息有关的理论、知识和方法。信息知识涵盖的内容特别多，包括传统文化知识、信息基础知识、信息技术知识和语言文字知识。只有具备了这些知识，才会有能力去处理信息。

信息能力是信息素养的"核心"，也是信息素养最重要的部分。信息能力可细分为 6 种能力：信息工具的使用能力、获取信息的能力、判断信息的能力、处理信息的能力、创造信息的能力和传递信息的能力。

信息意识是信息素养的"先导"，或者说是信息素养的"前提"，没有信息意识做正确合理的引导，信息素养就是空谈。通俗地讲，当人们面对不懂、不会或不明白的东西，不是放任不管，而是能不能积极主动地去寻找答案，并知道应该到什么地方，用什么方法或手段去寻求自己所需要的答案，就是具备了信息意识。信息意识可结合人的心理意识分为 2 个阶段、3 个层面，即感性、理性两个阶段和信息认知、信息情感、信息行为 3 个层面。

信息道德是信息素养的保证，道德本身就是一种行为规范和准则，对于信息素养来说同样需要规范与准则来约束。信息道德应该贯穿信息的产生、传递、发展、作用以及创新的整个过程，包括信息的采集、加工、存贮、传播和利用。人们在进行与信息相关的一切活动中都应该遵守道德规范，自觉地通过自己的判断，用正确的人生观、世界观和价值观去规范自己的信息行为。

具备信息素养的具体表现是什么？下面以著名的 Big6 技能给大家作以解释：

Big6 是美国迈克·艾森堡（Mike Eisenberg）和鲍勃·伯克维茨（Bob Berkowitz）两位学者首先提出的网络主题探究模式，主要用来培养学生信息能力和问题解决能力[27]。

所谓 Big6（B-I-G-S-I-X），如图 2-12 所示：

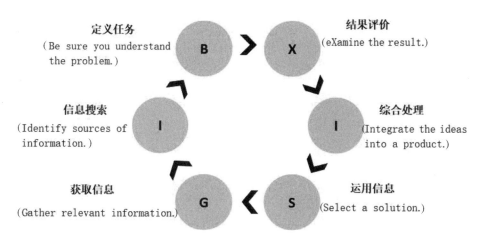

图 2-12 Big6 网络主题探究模式

传说有一种鸟叫聪明鸟，顾名思义，这种鸟非常非常聪明。有一天两只聪明鸟外出打猎，雌性聪明鸟一不小心撞到了一棵大树上，大脑严重受损，忘记了如何筑巢。但他们的小宝宝马上就要出生了，于是筑巢的工作就责无旁贷地落在了雄性聪明鸟的头上，但是他不会呀，怎么办呢？

首先，他确定了自己的任务：学习筑巢——B

第二，他觉得自己应该去学习一下其他鸟类筑巢的方法——I

第三，他分别找到了燕子、乌鸦和织巢鸟，专门去看他们的鸟巢——G

第四，他把这 3 种鸟的鸟巢都进行了深入分析，发现燕子的鸟巢是泥做的，坚固但没有遮挡；乌鸦的鸟巢建在高处，安全但不坚固；织巢鸟的鸟巢柔软，但建在低处不够安全——S

第五，经过对上述鸟巢的综合深入研究分析，他得出了自己的筑巢方案：用树叶庇护，用树枝编织，用泥巴粘连，建在大树杈上——I

第六，依据自己的方案建完巢后，他亲身跳进去试了试，发现完全符合自己的要求，非常满意并为自己而自豪——X

通过上面这个聪明鸟的例子，不难看出具备信息素养的表现：

遇到问题时，知道需要某种信息，乐意去查找和使用信息；

掌握获取信息的途径方法，具备组织、分析、鉴别、评价信息价值的能力；

能有效地利用信息来解决实际问题；

能够自觉地规范自身的信息行为。

信息素养本身就是一种综合能力：涉及各方面的知识，是一种特殊的、涵盖面很宽的能力，它包含人文的、技术的、经济的、法律的诸多因素，和许多学科有着紧密的联系。要想成为一个有信息素养的人，就必须能够确定何时需要信息，并具备检索、评价和有效使用所需信息的能力。

参考文献

［1］刘坚等.《面向未来：21 世纪核心素养教育的全球经验》研究设计［J］. 华东师范大学学报（教育科学版），2016，34（03）：17-21，113.

［2］中小学信息技术课程指导纲要（试行）教基〔2000〕35 号.

［3］上海社会科学院信息所. 信息安全辞典［M］. 上海：上海辞书出版社，2013.

［4］王彩. 信息素质概念研究［J］. 现代情报，2005（06）：45-47.

［5］北京师范大学出版社. 义务教育信息科技课程标准 2022 年版［M］. 北京：北京师范大学出版社，2022.

［6］ACRL. Framework for information literacy for higher education［EB/OL］. http：// www. ala. org/acrl/standards/ilframework.

［7］刘亭亭. 英国高校学生信息素养培养的研究［D］. 上海：华东师范大学，2018.

［8］王宇，吴瑾. 新时代信息素养教育的演进与创新——2018 年全国高校信息素养教育研讨会综述［J］. 大学图书馆学报，2018，36（6）：21-27.

［9］曲金良. 海洋文化概论［M］. 青岛：青岛海洋大学出版社，1999.

［10］萧浩辉. 决策科学辞典［M］. 北京：人民出版社，1995.

［11］王友谊. 说文解字叙［M］. 北京：文化艺术出版社，2010.

［12］彭前程. 物理（八年级上）［M］. 北京：人民教育出版社，2012.

［13］泽特尔. 视频基础［M］. 北京：中国人民大学出版社，2013.

［14］高杉尚孝. 麦肯锡教我的写作武器［M］. 北京：北京联合出版公司，2013.

［15］张树华，王京山，刘录茵，等. 数字时代的图书馆信息服务［M］. 北京：北京图书馆出版社，2005.

［16］罗贯中. 三国演义（世界文学名著拓展阅读：名师导读版）［M］. 昆明：晨光出版社，2020.

［17］蘅塘退士. 唐诗三百首［M］. 北京：北京十月文艺出版社，2016.

［18］班固. 汉书［M］. 北京：中华书局，2012.

［19］王柄权. 运用 TRIMMEAN 函数速算平均值［J］. 电脑知识与技术（经验技巧），2008（06）：43-44

［19］解敏，衰克定. 信息意识概念的新构想与实证［J］. 现代远程教育研究，2012（05）：51-56

［20］张伟莉. 在疫情防控中提升公众媒介素养［N］. 中国社会科学报，2020-03-23.

［21］倪俊杰. 高中信息技术学科信息意识的内涵、评价维度及教学建议［J］.

中小学教材教学，2020（10）：40-44.

［22］老子. 道德经［M］. 吉林：吉林美术出版社，2015.

［23］李力红. 青少年心理学［M］. 长春：东北师范大学出版社，2000.

［24］姚建东. 信息素养教育［M］. 北京：清华大学出版社，2016.

［25］邱海鸿. 南京摔狗者的连环劫：被人肉、死亡威胁和妻子"为狗偿命"
　　　［N］. 澎湃新闻，2018-07-04.

［26］邢蕊. 信息道德的培养——以社会行动模式为指导，构建学生的信息道德
　　　品质［J］. 现代交际，2012（09）：175.

［27］Eisenberg. Teaching Information & Technology Skills：The Big6［TM］in Sec-
　　　ondary Schools［J］. ERIC 2000.

第三章　信息技术与教育改革

第一节　引言

信息技术对教育有着支撑作用；

信息技术教育是素质教育的重要组成部分；

信息技术对教育发展具有革命性影响，必须予以高度重视[1]。

《国家中长期教育改革和发展规划纲要（2010—2020 年）》中强调："强化信息技术应用，提高教师应用信息技术水平，更新教学观念，改进教学方法，提高教学效果。鼓励学生利用信息手段主动学习、自主学习，增强运用信息技术分析解决问题能力，加快全民信息技术普及和应用。[1]"进一步明确了"信息技术"与"教育"之间密不可分的关系。

2012 年，为切实落实《国家中长期教育改革和发展规划纲要（2010—2020年）》中关于教育信息化的总体部署，又出台了《教育信息化十年发展规划（2011—2020）》（图 3-1）。

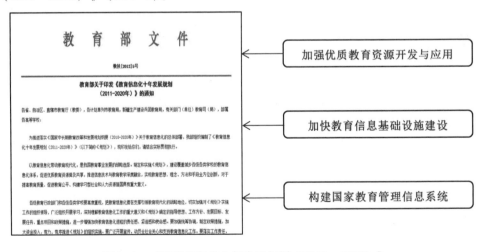

图 3-1　《教育信息化十年发展规划（2011—2020）》

2021 年 7 月，教育部等 6 个部门发布《关于推进教育新型基础设施建设构建高质量教育支撑体系的指导意见》（教科信〔2021〕2 号）中进一步明确："聚焦教育高质量发展的迫切需要，立足固根基、扬优势、补短板、强弱项，量力而行、因地制宜、循序渐进推动教育新基建，夯实信息化时代教育变革的基础条件。深入应用5G、人工智能、大数据、云计算、区块链等新一代信息技术，充分发挥数据作为新型生产要素的作用，推动教育数字转型。[2]"再一次表明了加大信息技术发展力度，利用信息技术促进教育教学改革的力度。

第二节　信息技术教育

一、信息技术教育理论

信息技术教育是素质教育的重要组成部分。信息技术教育的主要目的是培养学生的创新精神和实践能力，促进人的发展。我们可以把信息技术教育理解为基于信息技术的教育，是信息技术发展到一定程度的高级产物。

人类的发展离不开教育，教育其实就是影响人身心发展的社会实践活动，教育是使人成为人的过程，是活着的生命成长的过程。著名哲学家雅斯贝尔斯在《什么是教育》中提到：一棵树摇动一棵树，一朵云推动一朵云，一个灵魂唤醒一个灵魂[3]，深刻地阐述了教育的本质和含义。教育的发展进步是人类文明发展进步的体现，同时，随着信息技术的发展，教育的内容、方法、手段以及层次也在逐渐提升。

（一）教育的发展阶段

关于教育的发展阶段大部分学者以生产力发展水平分为原始社会的教育、古代教育和近现代教育；有的学者以社会的产业技术水平为依据，分为农业社会的教育、工业社会的教育和信息社会的教育3个阶段；也有的学者从教育本身的特征出发，将其分为自然形态的教育、独立形态的教育、制度形态的教育和多样形态的教育4个阶段。上述的划分方式大多依据教育的外面表象，并没有真正深入到教育的实质，没有真正体现"一个灵魂唤醒一个灵魂"的深层含义。笔者认为结合人类文明的进步和信息技术的发展，可分为4个阶段：

1. **语言唤醒教育阶段——出现了学校教师**（图3-2）

图3-2　中国古代的民间教育——私塾

人类的教育是从口口相传开始的，早在原始社会就有长辈言传身教，教儿童狩猎、耕种等，这就是最早期的教师。后来孔子私塾的出现，逐渐产生了学校的雏形，虽然那时候私塾是一种开设于家庭、宗族或乡村内部的民间幼儿教育机构。属于私人所办的学校，但也意味着学校教育正在逐渐发展，并开始传递中华传统文化，培养人才。

2. 文字推进教育阶段——开始了文化传播（图3-3）

随着文字的产生，教育不再是口口相传，而是通过文字更加准确地传递着传统文件和各类经验。由于文字的出现，教育变得更具实质性和传播性，同时也真正开始了人类文化的传承，才有了现在能够查阅到的真正载入史册的文化知识，才能真正了解中国五千年的文化历史。

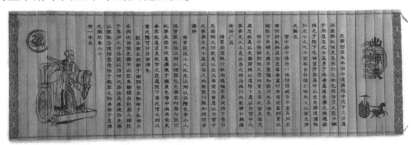

图3-3　记录在竹简上的《出师表》

3. 印刷强化教育阶段——建立了班级集体

当印刷术和造纸术发明后，文字记录便彻底跳出了竹简、锦帛等复杂、昂贵的程序，而是开始大规模地复制与流传。正是因为书籍的大量印刷，才使得大规模教学和班级授课制成为可能。从另一个角度来说印刷是对教育的真正强化。随着人类社会的发展，教育不再是某个特殊人物的特权，而是逐渐实现人人平等地接受教育，所以出现了大规模教学，出现了一直延续到现在的班级授课制。

4. 数字提升教育阶段——打破了时空限制

由于微电子技术等的发展并广泛应用到教育中，使得教育由传统的师者传道授业，提升为利用高科技手段辅助并优化教学，教学不再是停留在纸面上的文字，而是来自师生之间的更多互动与知识相长，教学方式也由原来的线下教室课堂教学转化为线上线下相混合或者完全的线上教学，学生的学习时间地点也由原来的固定模式转化为任何时间任何地点……当信息技术发展到数字化阶段的时候，也就意味着人类的教育已经打破了时空的限制。

（二）信息技术与教育

教育活动的四要素是教育者、受教育者、教育内容和教育手段。当信息技术广泛应用于教育的时候，就对教育活动提出了一个严峻的考验：教育者与受教育者必须了解信息技术和掌握信息技术；教育内容需涵盖信息技术；教育手段应运用教育技术。完成了上述 4 类考验，才是真正的信息技术与教育相结合。

将信息技术与教育相结合后必然衍生出的是教育技术、教育信息化、信息化教育等新生事物，教育也从传统的教室提升到无限的网络空间。因为有了信息技术我们可以跨越历史长河，亲临古代去体会"茹毛饮血""炊粱跨卫"；因为有了信息技术我们可以突破时空限制，步入银河去感悟"浩瀚星空""宇宙洪荒"。

信息技术教育的指导理念是：利用信息技术功能，优化学生对知识的理解、记忆与迁移，促进有意义学习的发生，支持学生开展探究学习、合作学习、自主学习等以学生为中心的学习，在促进有意义学习发生的同时使学生具有"沟通与合作""创造性与问题解决""信息素养"等 21 世纪核心素养。

因此笔者认为：信息技术教育是指学习、运用信息技术，培养信息素养，实现学与教优化的理论与实践。

二、信息技术教育内容

信息技术教育的内容很多，总结成两个方面就是"教育信息化"和"信息化教育"。这两个方面的内容看起来类似，但却存在着本质的差别：教育信息化指的是教育信息技术应用于教育与教学的各个方面，目的是加速实现教育现代化；而信息化教育则是通过教育培养全民的信息化能力，提升全民的信息素养。

（一）教育信息化的内容

教育信息化突破了"时空限制"，是缩小教育差距、促进教育公平的有效途径。

教育信息化推动了教与学的"双重革命"，是共享优质资源、提高教育质量的重要手段。

教育信息化打造了"没有围墙的学校"，是实现全民学习、自主学习、终身学习的必然选择。

教育信息化汇聚了"海量知识资源"，是人类文明传承创新的重要平台[4]。

综上可得出，教育信息化的内容主要分为 3 个方面：教育思想信息化、教育资源信息化和人才观念信息化。

1. 教育思想信息化

传统的教育思想注重教育的等级化和批量化。也就是说，传统的教育思想更强调分数的重要性，通过考试分数将学生分为三六九等，这主要受传统"科举制度"的影响，长期以来备受争议，但又无法取而代之的"中考""高考"等各类考试制度。

信息化的教育思想则是强调教育的人本化和个性化，也就是我们现在一直坚持的"以人为本"与"因材施教"。

"以人为本"是人本主义教育思想观点，认为：教育的目的就是最大可能地帮助个人自我实现。教学的本质是教会学生，如果在教学过程中不从学生角度出发，不去考虑学生的学习状况，而是依据教师的个性开展教学，那么最终的结果一定是教师教得很累，学生反而什么也没有学到。但是坚持"以人为本"不是片面地强调"个人"，例如有些人在片面理解人本主义教育思想后认为"为了一切学生，一切为了学生，为了学生一切"等观念过度拔高学生的地位，片面夸大教育功能。因为学生的一切范围太广，有许多方面是教育过问不了的，也不需要教育过问[5]。

这里所说的"个性化"也是突出强调了在教育教学中应真正体现"因材施教"，教育教学过程中要充分考虑到每个学生的不同特点和需求，根据他们自身特点采取不同的教学方法及教学内容，让每位学生在教育教学中都尽可能地获得自己想要得到、能够得到和应该得到的知识和能力。

2. 教育资源信息化

教育资源是教育的重要内容，包括课程建设、教材建设、教学方法、教学模式、教学技术、教学环境、教学评估、教学管理、教师素质、教育体制等多个方面。

课程建设信息化指的是在各个层次的教育中都应开设相关信息技术课程，以加强信息技术教育。例如我国中小学开设的《信息科技课》；大中专开设的《大学信息技术基础》以及个别专业研究生开设的《现代教育技术》《信息技术应用研究》等课程（图3-4）。

图3-4　《现代教育技术（第5版）》电子书登录页面

教材建设信息化指的是努力提高各科教材的技术含量，从教材使用上培养学习者的信息能力，提升信息素养。例如现在很多教材都附带了电子书、电子教案、视频案例等内容。学生可以在开始学习之前就能通过教材所附带的数字课程网站对课程有个初步了解（图 3-5）。在学习过程中，教材不仅仅是一个传递信息的文字载体，同时现在大量教材都自带一些拓展信息，并制作成微视频，将学生的眼睛和耳朵全都利用起来，以提高学生学习的积极性和主动性。

图 3-5　《现代教育技术（第 5 版）》提供的二维码微视频

　　教学方法信息化指的是教师在授课过程中可以运用信息技术优化自己的教学方法。例如现在很多教师在授课过程中为了丰富课堂内容，提高教学效果，可以采取播放与课程内容相关的音视频、设计多种教学活动、强化线上线下相结合等多种教学方法。

　　教学模式信息化是指教师的授课不仅可以通过教室的课堂教学，还可以采取线上线下混合教学模式或线上教学模式开展，以充分利用学生有效的学习时间，提高学生的学习效率。例如新冠疫情期间，为了师生的人身安全，几乎所有课程都改为线上教学模式，教师充分利用在线教学平台，改变原有的课堂教学模式，顺利完成相关教学内容。

　　教学技术信息化指的是教师在教育教学过程中应学会合理运用现代教育技术手段辅助教学。例如会应用 OFFICE 软件制作 PPT 教学课件、利用网络平台制作线上课程、利用编程工具开发相关教学软件等技术。

　　教学环境信息化指的是学校在教育教学管理过程中应加强校园网建设，为广大师生提供良好丰富的网络教学平台、丰富的网络教学资源，同时加强多媒体教室建设、网络机房建设、智慧课堂与智慧教室建设、虚拟仿真教学平台以及人工智能教学平台建设等。例如很多高校为方便师生参与教学活动和教学管理，引入钉钉或企业微信等软件以提高工作效率。

　　教学评估信息化是信息化时代教育的必然要求，要充分结合数字化、人工智能、虚拟仿真、物联网等信息化技术进行教育评价。坚持以科学的评价结构及理念为基础，以数据及信息技术为驱动力，实现教育评价的智能化、个性化、体系化；坚持数据共享，完善数据应用，同时建立数据安全机制，保证数据共享的科学性、合理性、合法性[6]。

教学管理信息化指的信息技术不仅要应用到具体的教学实践中，还要全面应用于教育教学的常规管理。例如涉及全国教育领域的全国教师管理信息系统、中国研究生招生信息网、全国导游资格考试网上报名系统等，还有学校自己内部运行的教务管理平台、工资管理平台、人事档案管理平台、资产设备管理平台，包括目前较多高校在职称评审过程中采用的职称评审平台等。

教育体制信息化指的是将学校从固有的封闭走向开放，学校优质资源共享程度越来越高。把社会、家庭、企业、社区都融入到学校教育中，真正实现全民教育，终身教育。例如以国家精品课建设为基础的中国大学 MOOC，爱课程以及超星平台、智慧树平台、学堂在线等，使全国各层次教育工作者及学生都可以分享到名校名师的优质教学。

教师素质信息化指的是在注重开展教学工作的同时，更要注重对教师的培养。教师是培养学生信息素养的执行者，那么其自身的信息素养提升就显得更为重要，所有教师都应在完成教学工作的同时提高运用信息技术进行教育教学的能力。例如现在我国对师范生的要求是"三字一话一技"，指的是"钢笔字、粉笔字和毛笔字""普通话"和"现代教育技术"，在师范教育中也增加了一门必修课《现代教育技术》。

3. 人才观念信息化

教育的目的是培养人，是把受教育者培养成为社会需要的人。2019 年 3 月 18 日，习近平总书记在主持召开学校思想政治理论课教师座谈会上强调：培养担当民族复兴大任的时代新人，培养德智体美劳全面发展的社会主义建设者和接班人[7]。那么什么才是时代新人呢？这个人必须是能够顺应时代的发展，或是能够驾驭这个时代的人。20 世纪五六十年代，人才观念受农业时代、工业时代的约束，那时候人们的观念是"工业学大庆，农业学大寨"，只要有一双勤劳的手和过硬的技术就可以吃穿不愁；到了 20 世纪七八十年代，受到世界经济罕见速度发展的冲击，知识型人才成为重中之重，越来越多的人加入科学研究队伍，高考真的成为成才的独木桥；随着网络的出现，21 世纪开启了人才观念的全新挑战。单纯的知识型人才在这个信息飞速发展的时代已经捉襟见肘，心有余而力不足，教育界对人才的培养也转为复合型人才和创新型人才。

人才观念的信息化就是把对人才的培养定位在培养学习能力强、善思考、会做事、能创新的人。而教师所教授的内容以教为重心转变为以学为重心，让学生学会学习，学会解决问题，学会协作，学会创新。

（二）教育信息化的特征

教育信息化区别于传统教育的特征有 5 个：教育环境虚拟化、教育系统开放化、教育资源全球化、教育教学个性化、学生学习自主化（图 3-6）。

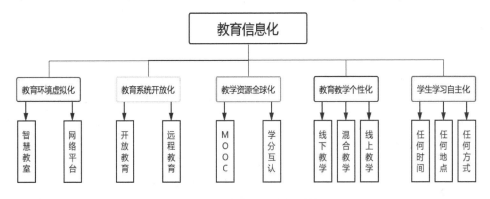

图 3-6　教育信息化的特征结构图

1. 教育环境虚拟化

教育环境虚拟化意味着教学活动不再局限于实体的教室、讲台、黑板和桌椅，而是在很大程度上脱离了时空的限制，真正实现了人类穿越的梦想。教育环境虚拟化可按校内校外两种方式来分析理解：

校内的教育环境虚拟化一般是利用校园网或局域网所搭建的网络教室、网络机房、多媒体教室、虚拟仿真或者智慧教室进行，学生可以身处实体的教室当中，但学习的方式和内容却可以跨越时空，畅心遨游世界与历史。例如：教师在讲解抗美援朝战役的时候，光凭口述、版书或教材并不能激发学生的爱国主义精神，但如果在课堂上利用多媒体播放一段震撼人心的影片《长津湖》，学生在感动之余更多的是对英雄的敬畏和对现在美好生活来之不易的珍惜。再如：疫情期间旅游管理专业的学生不能到旅行社实习，更不可能进入旅游景区，那么利用虚拟仿真实验室制作的旅游景区虚拟场景，让学生充当导游或游客，既让学生得到了真正的锻炼，同时又给学生一种身临其境的实感。

而校外的教育环境虚拟化就更为广阔，利用互联网，通过云端搭建的教学平台，可以在任何时间、地点，以任何方式开展教学，教师和学生可以分布在世界各地，学生的同学可能是现实生活中的同班同学，也可能是来自大洋彼岸的外国同学。例如：2020 年新冠疫情暴发，各类型学校都无法正常开学，当国家一声令下"停课不停学"，全国上下全面开展线上教学。广大师生利用超星平台、智慧树平台、学堂在线以及 QQ、微信、钉钉等各类网络平台开始了不进入教室的课堂教学。

2. 教育系统开放化

教育系统开放化是为了实现人人受教育，平等受教育，终身受教育。无论古代私塾，还是现代的大学，都不是谁想进就能进的，都需要满足一定的条件，符合一定的要求才能受教育。我们常常在偏远地带看到穷苦孩子望向学校的那双充满渴望的眼睛，听到寒窗苦读高考却不幸落榜的学子那声无奈又无助的叹息，因为他们没有机会进入自己向往的学校，无法接受自己理想的教育。虽然现在学校的入学门槛已经很低很低，我国也早已实行了九年义务教育，但仍然有很多人因为种种原因不能进入学校接受教育。在这个时候应运而生的开放教育和远程教育就解决了这个问题，所谓远程教育就是对教师和学生在时空上相对分离的教与学的行为通过各种教育技术和媒体资源实现联系、交互和整合的各类学校或社会机构组织的教育总称[8]。通过开放教育和远程教育，没有考上大学的人可以通过互联网学习心仪高校的专业课程；考上普通高校的学生可以通过互联网学到清华北大的优质课程；无论多大年纪的人都可以随时随地地学到自己想学的知识。例如：注册清华大学学堂在线的账号，直接参加清华大学以及其他高校的线上课程，无须支付任何费用，平台完全开放。

3. 教育资源全球化

在信息时代，互联网如一股前所未有的汹涌浪潮冲击着世界，同时也在默默改变着整个教育界，教育资源全球化就是互联网+教育的必然结果。教育资源全球化是对开放教育资源的总称，所谓开放教育资源，通常是指一类免费开放的数字化材料，教育工作者、学生以及自主学习者可以在教学、学和研究中使用和再次利用这些数字化材料[8]。教育资源全球化经过了一个逐渐发展的过程（图3-7）：

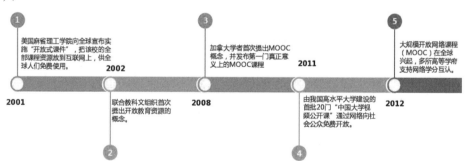

图3-7　教育资源全球化发展历程

MOOC是目前最为流行的全球化教育资源，它的出现彻底打破了国界、淡化了时间、虚幻了空间。所谓MOOC，其实是4个英语单词的缩写（图3-8）：

MOOC产生的宗旨就是将世界上最优质的教育资源，传播到地球上最偏远的角落。促进教育公平，实现教育民主，促进精英教育大众化、全球化。

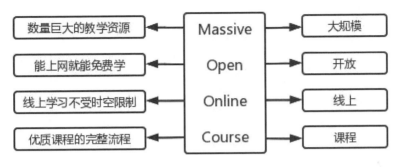

图 3-8　MOOC 的含义

4. 教育教学个性化

教育教学个性化也是随着时代发展而衍生出的新事物,属于一种新的教学模式,更加强调"学生是具有独立人格的个体",强调"教育重在人的价值和需要",强调"学生是教育和被教育的双重主体",强调"教育教学要以学生为中心"。我们常说这个人有个性,说的其实是他与别人不同,也就是与其他人的差异性,或者说是他有别于他人的特殊性。在这个数字化的信息时代,教育教学可以是针对大多数学生的传统教学,也可以是体现针对性和系统性的混合式教学(如可汗的翻转课堂),还可以是为每位学生建立独立学习档案的网络线上教学。例如:辽宁省开展的跨校修读计划中,教师可以在超星等平台选择其他高校的优质课程开展自己的教学,可以是完全线上也可以是线上线下相混合,但无论采取什么样的方式,在超星等平台上每位学生都有自己的独立账号,教师可以关注到每位学生在整个教学过程中的个性化表现(自主选择了那些可选性教学内容、教师布置的教学内容观看的时长与次数、随机测试的答题情况、自由评论区的表现等),同时对每位学生的登录时间、登录时长、进出次数等都有单独的记录,便于教师对学生开展个性化教学,针对不同学生的不同选择安排不同的教学内容。

5. 学生学习自主化

对于教育信息化来说,最大的变化是改变了学生学习的方式,让学生的学习更加智能,更加自主。传统的教学有固定的时间、地点,采取固定的教室教学模式,使得很多学生不能在学习的时候保持最佳状态。如果学生在学习的时候心不在焉或者昏昏欲睡,学习效果大打折扣,从心理学角度分析,学生的学习如果是完全被动的,那么接受知识的量将会少之又少,也就是说,只有主动学习才能够取得最优的学习效果。教育信息化中提到的学生学习自主化是指尊重学生学习的主动性,让学生可以在任何时间、地点,以任何方式开展学习,将他们碎片化的时间真正用于主动学习,那将会起到事半功倍的效果。

美国爱德加·戴尔 1946 年首先发现并提出了"学习金字塔"理论:通过采取不同的学习方法,学习者在两周以后还能记住内容(平均学习保持率)的多少。

具体说来，用耳朵听教师讲授，知识保留 5%；用眼睛去看去阅读，知识保留 10%；把耳朵和眼睛等多种感官相结合，知识保留 20%；用现场演示和观摩的办法，知识保留 30%；把学生分成小组对知识进行分组讨论，知识保留 50%；让学生实际动手训练，知识保留 75%；让自己当老师，向别人讲解明白自己所掌握的内容，知识保留 90%。由此可以看出，不同的学习方法达到的学习效果不同，研究表明在两周之后，学生主动学习对知识的保持率要远远高于被动学习[9]。这就是为什么我们一直强调学生学习自主化的原因（图 3-9）。

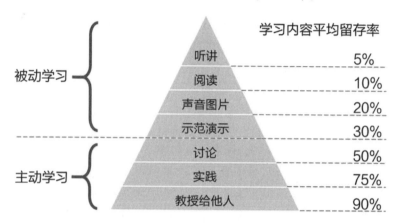

图 3-9　戴尔的"学习金字塔"理论

（三）信息化教育的内容

信息化教育首先是一种教育方式，它是一种人机协作的教育方式，在教育教学过程中以人为主、以机为辅的信息时代特有的教育方式。是以培养和提高学生信息素养为重要目标，使他们能够为自己所面临的信息社会做好充分的准备。通俗地讲，信息化教育就是培养学生信息化能力的教育。信息化教育的指导思想和理论基础是现代教育思想理论，在施教的过程中主要运用的是现代信息技术，开发教育资源，以达到对教育过程的优化，强调的是如何运用信息技术去支持和优化教育。国内对信息化教育的称呼有影音教育、电化教育、现代化教学手段、信息技术、教育技术等，国外对信息化教育的称呼多为视听教育、教育传播、教育技术、教育工艺学等。

第三节　信息技术与课程整合

"信息技术与课程整合"是我国面向 21 世纪基础教育教学改革的新视点，是继承了传统学科教学的优势，同时又具有一定相对独立的特点的教学类型[10]。《教育部关于加快建设高水平本科教育全面提高人才培养能力的意见》提出推进现代信息技术与教育教学深度融合，推广混合式教学，构建线上线下相结合的教学模式：加快形成多元协同、内容丰富、应用广泛、服务及时的高等教育云服务体系，打造适应学生自主学习、自主管理、自主服务需求的智慧课堂、智慧实验室、智慧校园。大力推动互联网、大数据、人工智能、虚拟现实等现代技术在教学和管理中的应用，探索实施网络化、数字化、智能化、个性化的教育，推动形成"互联网+高等教育"新形态，以现代信息技术推动高等教育质量提升的"变轨超车"[11]。

一、信息技术与课程整合的理论基础

"整合"一词，来源于英语的"integrative"，意为：综合的；整（一）体化的；"使结合（with）；使一体化"。课程整合（Curriculum Integration）意味着将与课程相关的内容综合为一体，即从课程整体设置出发，对各门课程的教育教学目标进行分析，用整个的、联系的、辩证的观点对所有课程进行教学设计、教学评价，并认真研究教育过程中各种教育因素之间的关系。

（一）信息技术与课程整合的理论指导

信息技术与课程整合是指在学科教学过程中把信息技术、信息资源和课程有机结合起来，建构有效的教学方式，促进教学的最优化[8]。这里提到了一个"建构"，建构主义理论是认知主义理论的进一步发展，是指导教学与变革的主要理论之一，也是信息技术与课程整合的理论指导之一[10]。事实上，目前日益流行的在线课程、虚拟现实教学软件等，大多都遵循着建构主义理论的基本原理。

1. 建构主义的基本含义

要想理解建构主义的基本含义，我们先来给大家讲一个小故事（图3-10）：

从前有一条鱼（以下简称小鱼）和一只青蛙（以下简称小青）一同住在一口深井里，在小鱼的世界里除了水、小青、井壁和井口的天空就什么都没有了。突然有一天，小青跳出了井口，去探究外面的世界，晚上回来后就给小鱼讲外面的世界。小青说他在外面看到了一个神奇的动物（牛），长着两只尖尖的角，4条细细的腿，还有1条长长的尾巴，身上有斑点状的花纹，吃的是草，还能挤出奶。小鱼听了后，马上在头脑中勾勒出一头牛的形状，但他勾勒出来的牛并不是真正的牛，而是一头像鱼的牛。为什么会这样呢？因为小鱼没有见过真正的牛，在他的世界里，牛是在小青的描述下加上小鱼自己的想象建构出来的，建构出来的形象既有外界小青说的内容，同时也有他自己原本的形象，于是小鱼心中的牛就是这样的：

建构主义认为：世界是客观存在的，人们对世界的理解却是由人们自己来决定的。人们是以自己的经验为基础来建构或解释现实，每个人的世界都是用自己的头脑创建的。信息技术与课程整合就是要利用信息技术与课程有效地结合，通过建构主义理论将学生原有的知识经验和认知策略与新知识联系起来，从而实现

图 3-10 建构主义理论典型案例——鱼牛的故事

学生的自主探究、自主发现，培养学生的创新意识、创新思维和创新能力。

2. 建构主义对教与学的指导作用

建构主义对教与学的指导作用主要体现在 3 种教学模式中：

（1）支架式教学

支架式教学源于前苏联著名心理学家维果茨基的"辅助学习"以及"最近发展区"理论，也可以理解为"导向式教学"。在支架式教学模式中，教师的作用只是引领，引导学生掌握并理解那些能够使其从事更高认知活动的技能，一旦他们获得了这些技能，就可以更多地对自己的学习进行自我调节。也可以理解为教师在整个教学过程中起到的是支架作用，类似于建筑中的"脚手架"。"脚手架"既可以帮助学生在某一知识点的学习过程中停留巩固，也可以帮助学生继续向更高的知识技能点攀爬，当管理和调控学习任务的目的从教师转移到学生后，"脚手架"就可以撤掉了，由学生自己建构的知识体系与技能体系就成形了。

信息技术与课程整合其实就是教师制作"脚手架"的过程，信息技术本身的优劣以及与课程整合的程度决定了"脚手架"的先进程度，也可以理解为"脚手架"的材质与结构。只有用优质钢材制作的，结构合理、有强度、有韧度、有高度、有宽度的"脚手架"（教师），才能使"建筑工人"（学生）更快、更好地完成建筑任务。

（2）抛锚式教学

抛锚式教学也被称为"案例式教学"或"情境式教学"，是目前教学效果相对较好且比较流行的一种教学模式。抛锚式教学认为学生的学习不能只听别人的说教和经验介绍，而是必须将学生放到有感染力的真实事件或真实问题中去，让学生在现实世界的真实环境中去感受、去体验、去领悟，自己得出对问题的真实看法，完成对所要学习知识的意义建构，从而达到对该知识所反映事物的性质、规律以及该事物与其他事物之间联系的深刻理解。例如在英语教学中我们常常会给学生播放一段英国家庭真实对话场景，让学生自己去感受英语的正确发言以及在特定环境下英语语法的运用；在物理教学关于蒸汽机工作原理一节中，如果教师只是用语言来描述蒸汽机的 4 个冲程，远不如运用教学模型或计算机模拟动画来展示这 4 个冲程而达到的教学效果。

（3）随机式教学

随机式教学也被称为"随机通达教学"或"随机进入教学"，这种教学模式源于建构主义学习理论的一个新的分支——"认知灵活性理论"，这一理论的核心思想就是提高学习者对问题的理解能力以及知识迁移能力。所谓认知灵活性就是指学习者通过多种方式同时建构自己的知识，以便在情景发生根本变化的时候能够做出适宜的反应[12]。

随机式教学模式就是创设一种环境，可以让学习者随意通过不同方式、不同途径、不同时间进入同样的教学内容学习，而且学习者每次进入教学的情境和学习目的都不相同，也就是说，分别着眼于问题的不同侧面，或者说是从不同角度来观察、审视、判断同一个问题，这样就避免了处理问题时的片面性，形成对知识和概念的多角度理解。

（二）信息技术与课程整合的内涵

我国教育技术界权威专家李克东教授认为：信息技术与课程整合是指在教学过程中把信息技术、信息资源、信息方法、人力资源和课程内容有机结合，共同完成课程教学任务的一种新型的教学方式[13]。

刘茂森教授在全国教育技术学校"十五"课题开题研讨会上说："所谓信息技术与课程整合是指信息技术教育课程的目的、任务与学科课程教学的目的、任务整合在同一教学过程中。[14]"

笔者认为，"信息技术与课程整合"这一说法关键在于是"信息技术"与"课程整合"，还是"信息技术"与"课程"整合。乍一看好像没什么太大的区别，其实问题的重点在于整合的是什么。前者涉及的"课程整合"是将课程本身的诸多内容进行整合，而后者所说的"整合"则是将"信息技术"与"课程"整合在一起，并且包括三层含义：

1. 信息技术与课程整合的基础设施要符合信息化要求

若要开展信息技术与课程整合，首先要保证有一个良好的信息化环境，也就是说，要有通畅的互联网、校园网和局域网，同时要配备多媒体计算机、网络机房、智慧教室、虚拟仿真实验室等，既可以保证教师能够开展网络教学、网络备课、网络实验等工作，又可以保证学生能够进行自主探究学习、小组讨论学习、虚拟实验实践和创新创作等活动。例如：某高校的师范技能训练中心，专门设置了可以开展网络教学的智慧教室，在智慧教室中教师可以直接对课堂教学全过程进行录制，学生也可以随时通过云端下载回放授课视频。

2. 信息技术与课程整合的教学内容要体现信息化特色

课程的教学内容可以是由教师自主开发，学生自主创作，或者师生共同研讨而成的信息化学习资源。这些学习资源不是知识点的简单堆砌，而是充分利用全球化的共享信息化资源，将经过数字处理的文本资料、图形图像资料、音视频资料等整合到与课程内容相关的 PPT 电子文稿、多媒体教学课件、网络课程之中，既可以作为教师授课教学的内容，也可以作为学生进行评议、分析、研讨的学习资源。

3. 信息技术与课程整合的教学目标要满足信息化要求

如果只是简单地在传统课程教学基础上附加一个计算机辅助教学，只是增加课堂的教学吸引力，就谈不上是什么信息技术与课程整合。真正的信息技术与课程整合是通过将信息技术有效地融合到各学科的教学过程中，从而营造一种信息化的教学环境，实现一种既能发挥教师的主导作用，又能体现以学生为中心的以"自主、探究、合作"为特征的教学方式，它的目的不是简单地向学生传授知识，而是应该能够使学生通过课程的教学进行知识重组和建构，并且能够举一反三，通过获得的知识创造出新的内容，满足信息素养的目标要求。

（三）信息技术与课程整合的目标

信息技术与课程整合的目标和信息技术教育的目标一样，都是为了培养适应这个信息时代发展的、具有较高信息素养的复合型、创新型人才。我们可以从提升课堂的教学效果、培养学生的学习态度、提高学生的信息素养与优化学生的学习方式 4 个方面进行分析（图 3-11）：

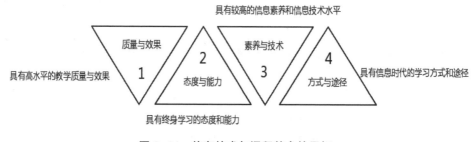

图 3-11　信息技术与课程整合的目标

1. 提升课堂教学质量和教学效果

信息技术与课程整合的本质就是在当前先进的教育思想和教育理论指导下，利用信息技术创设最优的教学环境，并把以计算机技术、网络技术等为主体的信息技术工具作为促进学生学习的认知工具，应用到具体的各学科教学过程中。在这一教学过程中充分利用教育资源全球化和教育系统开放化的特点，创设利于教师教学的个性化和学生的自主化的教学环境，将课堂教学中的每个教学环节、每个教学要素、每项教学内容都进行重新组合、重构，做到相互之间的融合、促进、提升，以真正实现对教学质量的提高，促进传统教学方法的变革。

2. 培养学生终身学习的学习态度和学习能力

随着教育信息化的发展，教育资源全球化，教育系统开放化，使得学生的学习不再受到时空的限制，学生可以在任何时间、任何地点以任何方式通过互联网找到自己想要学习的资源。既可以听到国内名校名师的课程，也可以学到国外高精尖的技术，学习的空间已经没有了界限，一次性教育已经慢慢开始向终身学习转化。所谓终身学习，是指学习者能够根据社会和自己工作的实际需求，自主确定继续学习的目标，并且能够有意识地为自己的继续学习做好计划，自觉开展相关工作的管理，加强自身的努力程度，还要学会通过多种方式、多种途径来实现自己既定的学习目标。传统的教育要想实现向终身教育的转化，教育改革是关键；对学生的培养目标不能只是传授知识，而是要教会学生如何自主学习、合作学习。要培养学生具有终身学习的态度和能力。

3. 提高学生的信息素养和信息技术水平

教育信息化为终身学习带来了机遇，但不是所有人都能把握住这个机遇，因为这个机遇离不开"信息化"，只有具备良好的信息素养、较高的信息技术水平，才能在浩瀚的信息中追求到自己想要获得的东西。可想而知，如果没有较高的信息技术水平，就无法找到并学习已经共享的全球化教育资源。如果没有较高的信息素养，就不能够将信息所带来的知识形成属于自己且有自己特色的知识结构。而信息技术与课程整合正是培养学生形成所有这些必备信息技术能力和信息素养的有效途径。

4. 优化学生信息时代的学习方式和学习途径

学生常见的传统学习方式离不开教师的讲授和课本的学习，无论规范的学校教育还是以自学为主的业余学习方式，学生在学习的时候要么在课堂上听教师的讲授，要么是在课余时间通过各种书籍来满足自己对知识的渴求，但是在信息时代，想随时随地地找到老师当面讲授是很难实现的，而且信息传递的速度已经完全超出人们的想象，想在需要的时候立刻拿到真正解决问题且带有最前沿知识的书籍也存在一定的难度。例如：遇到一个你从未见过的字，你不知道这个字读什么，你的身边既没有可以请教的人，也没有《新华字典》，只有一部智能手机。这个时候利用手机将你不认识的字拍下来并转换成文本，再利用手机上的搜索引擎就能够查到这个字的读音和含义，这就是信息时代的学习方式。手机、电脑、网络会让你连接到世界每一个角落，而且网络上的教师水平远比你想象的要高得多。网络中有一句俗语："众里寻他千百度，不如回家问小度""国内事问度娘，国外事问谷哥"。说的就是在大千网络世界中，任何问题都可以问百度，问谷歌，就没有它们解决不了的问题。

学生除了可以利用网络自己去搜索全球化的共享资源去学习外，还可以利用各种网络学习平台和各类数字化资源，师生之间、生生之间可以开展合作学习，对知识进行讨论、分析、辩论等，以实现探究知识、发现知识、创造知识、展示知识。

学生的学习途径除了听教师讲授，自己到图书馆查阅资料，更多的是通过网络进行。例如有的学生学习英语的方式是利用"新东方在线""羊驼英语""有道词典""我爱背单词"等手机中的专门 App；有的学生利用"101 网校""沪江网校""学堂在线"等网络学习平台；还有的学生通过短视频平台关注许多讲授英语学习的主播；等等。这些都是网络时代、信息时代为学生提供的多种多样的学习途径。

二、信息技术与课程整合的教学模式

信息技术与课程整合是一种信息化的学习方式，其根本宗旨是要培养学习者能够在信息化的环境中，利用信息技术完成课程学习的目标并学会进行终身学习的本领[13]。因此，信息技术与课程整合的教学组织模式非常重要。

国内对信息技术与课程整合最主流的理解是将计算机技术融入各学科的教学中，突出表现在各学科中的计算机辅助教学，而信息技术与课程整合的最终目的是通过信息化环境下的信息化教学，把学生对学习的积极性、主动性和创造性尽可能地充分发挥出来，使传统的以教师为中心的课堂教学结构发生根本性变革，从而使学生的创新精神与实践能力的培养真正落到实处。

目前，信息技术与课程整合的常见教学模式大致可为分三种类型：传递接受式教学模式、情境探究式教学模式和合作研究式教学模式。

（一）传递接受式教学模式

传递接受式教学模式源于赫尔巴特的四段教学法，后来由前苏联凯洛夫等人进行改造后传入我国[15]。这种教学模式的主要培养目标是传授系统知识、培养基本技能，属于比较传统的教学模式。传递接受式教学模式强调两个词"传递"与"接受"，"传递"指的是教师方，强调在整个教学环节中教师的指导作用，认为教学过程中教师向学生单向传递知识和技能的过程，在这个过程中，教师的地位是不可取代的，具有不可违背的权威性。"接受"则是指学生方，学生在教师的指导下，接受由教师所传递的间接经验来掌握应该掌握的知识，同时也是在教师的单向引导下充分挖掘自己的记忆力、推理能力，以求能够比较快速有效地掌握更多的信息量。教师主要是通过口授、板书、演示等方式向学生传递知识和技能，学生则是要通过耳听、眼看、手记来完成知识与技能的接受过程，从而达到教学目标要求的一种教学模式[16]。

1. 基本教学程序

传递接受式教学模式的基本教学程序：

复习旧课—激发学生学习动机—教师讲授新知识—巩固练习综合运用—检查评价—间隔复习（图 3-12）

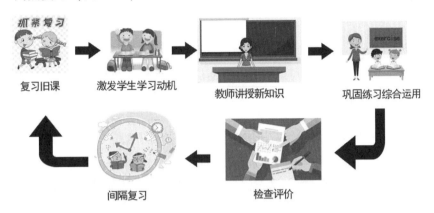

图 3-12 传递接受式教学模式的基本教学程序

在这一教学模式中，强调的是教学过程以教师为中心，以教材为中心，以课堂为中心。但教学内容以及教学方法则是"以学生为中心"。该教学模式是目前大部分教师所采取的方式，主要运用到的信息技术是大屏幕、投影仪、短焦投影、白板、多媒体网络机房等。

2. 教学模式优缺点

在传递接受式教学模式中学生完全是被动地接收信息，并且由于课堂教学时间有限，学生就必须在短时间内接受大量的信息，这样更能够培养学生的组织纪律性，能够培养学生的抽象思维能力，提高学生的记忆力。但正因为学生是在短时间内接受了大量的信息，所以学生对接收的信息就可能出现机械记忆、片面理解，甚至虚假理解情况。而且因为是教师的单向传递，所以培养出来的人才具有单一性和模式化，缺乏创新性培养，不利于学生创新思维、发散思维的培养。

这种教学模式如果不能好好加以利用和优化，教学过程中教师讲授的内容相对较多，而学生参与教学活动、练习实践的时间相对较少，最终会沦为"灌输式"范畴。

（二）情境探究式教学模式

美国心理学家、教育学家布鲁纳对学生的认知过程进行了大量研究，提出"认知发现说"并指出：学习是一个认知过程，是学生主动形成认知结构的过程。学习最好的动机就是对所学材料的兴趣，而不是奖励、竞争之类的外在刺激。因此，布鲁纳提倡发现法学习，以便使学生更有兴趣、更自信地主动学习。那么怎样才能真正激发学生学习的兴趣，提高学生的求知欲呢？这恰恰是情境探究式教学模式所要达到的最终目的。情境探究式教学模式就是全程遵循反映论的原理，通过设计目的明确的教学情景，在学生的角色体验之中，激发潜在的学习智慧，从而提高课堂教学效果。这一教学模式实施过程中严格遵循学生的身心发展和心理认知规律，强调学生的主体参与性[17]。

1. 基本教学程序

情境探究教学模式重点在于事先创设的"情境"和在"情境"中不断地"探究"。这里的"情境"可以通过已有的信息技术环境，利用多媒体、网络等技术手段设计创建出一个逼真的教学"情境"，再加上全球化的共享教学资源，让学生更好地开展自主探究性学习。它的基本教学程序如下：

创设情境—思考讨论—实践探索—分析研究—意义建构—自我评价（图3-13）

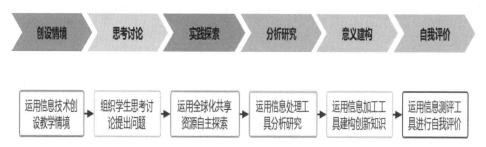

图 3-13　情境探究式教学模式的基本教学程序

情境探究教学模式简单来说就是通过事先创设好的情境，向学生明确需要他们探究的问题是什么（发现问题）；然后由学生自主设计一个解决问题的方案或计划（提出问题）；第三步还是由学生根据计划利用全球化的教学资源对问题进行分析，并提出初步解决方案（分析问题与解决问题）；最后一步就是展示自己的探究结果，并运用相关信息技术手段进行评价。

2. 教学模式优缺点

情境探究式教学模式比较注重学生智力的开发，发展学生的创新创造思维，培养学生的自主学习能力，做到能够独立自主地发现问题、提出问题、分析问题，直至自主解决问题。所创设的情境具有一定的启发性、趣味性、探究性、开放性和针对性，在教学过程中充分发挥学生的自主性，真正体现"以学生为中心"。

情境探究式教学模式中教师的作用主要在教学开展的前期，也就是说，教师的主要作用是创设具有探究意义的情境。这项工作看起来简单，其实确是相当不容易的，因为创设的情境既要涵盖需要学生掌握的知识和技能，也要满足学生的求知欲和探索欲，还要充满乐趣，以激发学生的兴趣，这无形中就给教师造成很大的压力。如果配套的信息技术环境、设备、工具等条件不够完善的话，自然不能达到预期的效果和目的。另外，人的思维是无边无际的，学生在进入情境探究教学模式中后，所有的内容都是由学生自主去完成的，如果没有教师的参与与引导，很有可能出现探究的结果与既定目标偏差较大，虽然实现了学生的自主创新，但偏离了正确的航线也不容乐观，很容易让部分学生得到片面的研究结果。

（三）合作研究式教学模式

20 世纪 70 年代初合作学习（cooperative learning）在美国兴起，并在 70 年代中期至 80 年代中期取得实质性进展，它是一种富有创意和实效的教学理论与策略。自 20 世纪 80 年代末 90 年代初开始，我国也出现了合作学习的研究与实验，并取得了较好的效果[18]。而研究性学习则是指在教师指导下，从自然、社会和生活中选择并确定专题进行研究，并在研究过程中主动地获取知识、应用知识、解决问题的学习活动[19]。

合作教学就是在合作学习理论基础上提出的，合作教学的前提是教师与班级所有同学之间要形成一种良好的合作关系，在这种教学模式中强调师生互动合作、生生互动合作，整个课堂教学要求全员参与，并切实开展合作。而研究式教学，目前尚没有一个明确的定义，普遍的观点是把教师研究性教与学生研究性学二者相结合，贯穿于整个教学过程各个环节的新的教学理念与方式。

合作研究式教学模式是指在教学过程中充分考虑教师的主导作用与学生的主体作用，通过双方的合作来解决"以谁为主"的矛盾问题，同时由于信息时代的特点，在整个教学过程中师者皆学者，学者皆师者，师生之间处于平等合作关系。由于知识的发散性和对学生创新思维的培养原则，在整个教学过程中无论知识还是技能都处于相互研究中。孔子云"三人行，必有我师"说的就是人人皆可为师的道理。

1. 基本教学程序

合作研究式教学模式强调的是团队合作与共同研究，也就是说在教学过程中，教师和学生的关系不是领导与下属的关系，也不是长辈与晚辈的关系，而是一种亲密无间的朋友关系、战友关系；在教学环节中，教师和学生之间既有知识的引领，也有共同研究的过程，更会出现分析讨论的情况。它的基本教学程序如下：

确定任务—明确分工—团队合作—分析讨论—知识建构—集体评价（图 3-14）

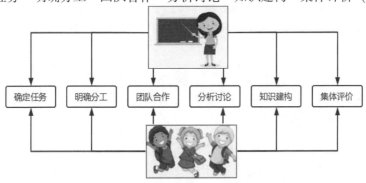

图 3-14　合作研究式教学模式的基本教学程序

合作研究式教学模式中无论教师还是学生都要摆正自己的位置，处理好师生、生生之间的关系，因为这种教学模式的宗旨是"合作"。这里特别强调一下，在这种教学模式中，教师必须放下师者的架子，把自己融入到学生当中。在这个信息时代，有时候个别学生利用网络资源的能力可能远比教师强，获取的信息也可能比教师多，所以教师一定要处理好与学生之间的关系，注意自己在合作研究式教学模式中最重要的引导作用。

团队合作的典型案例：教师把学生每8个人分成一组，成为一个团队，这里暂且定为A、B、C组。首先让每组选出两位同学，背靠背手挽手，坐在地上，然后互相顶着后背站起来，这个动作所有组都顺利完成了；接下来加入一位同学，仍然是背靠背手挽手，坐在地上，然后互相顶着后背站起来，以此类推，每次站起来后就增加一位同学，看哪一组同学能坚持到最后。在这个活动中，每一组里进行活动的每一位同学都不能独立行动，一个人先使劲、后使劲或不使劲都会影响整个团队的最终结果。只有团队里所有人在同一时间一起使劲才能顺利地站起来，因为在这个活动中，每个人都是大厦的一块必不可少的基石，少一个则大厦必倾！

2. 教学模式优缺点

合作研究式教学模式其实是在情境探究式教学模式基础上加入了合作关系与研究情况。即创设情境环节不再是教师一个人来完成的，而是由师生共同组成的团队共同研究确定；思考讨论、分析研究和自我评价环节也不是由学生自己独立完成的，而是把教师也融入其中，教师作为团队的一分子参与分析讨论，与学生一起分享自己的观点。因此说合作研究式教学模式弥补了情境探究式教学模式的缺点，把握住了教学的主线，保证了教学目标的实现。

但正如上面所提到的团队合作典型案例一样，如果在教学活动中有一位同学脱离团队，必将会影响整个团队的最终成果。同时，在合作研究式教学模式中，无论教师还是学生都需要参与研究，都应该有自己的观点和态度，这对教师来说并不困难，但对个别平时比较自闭的学生来说就存在一定的难度，如果处理不好的话会对学生的心理造成一定的影响。而且学生们的性格各异，在组建团队的时候一定要本着自主自愿的原则，同时也要做好学生思想工作，对性格特殊的学生必须予以关照。

第四节　信息技术与教育技术

一、教育技术理论基础

教育的发展经历了四次革命，每次革命其实都是随着信息的发展而发展的。其实信息技术自古就有，只是其使用的技术有落后与先进之别，教育也是如此，自人类产生就产生了教育，只是教育随着信息技术的发展，同样也在进行着不断的改革与发展。特别是 1974 年，美国发射了一颗，也是世界上第一颗专用于教学的"实用技术卫星"，正式向全世界表明：现代教育技术发展到了一个全新的阶段。

（一）教育技术的定义

"教育技术"一词是 20 世纪 70 年代出现的，各国出现了诸多定义。

我国《教育大辞典》中对"教育技术"的定义：教育技术是人类在教育活动中所采用的一切技术手段和方法的总和[20]。从技术角度上来说，教育技术分为有形技术与无形技术两大类，有形技术指的是我们能够看得见、摸得着的实体，如黑板、粉笔、投影仪、计算机等；而无形技术也可以称之为智能技术，一般都以抽象的形式表现出来，如教学方法、教学系统、学习模式、管理模式等[21]。

美国教育传播与技术协会（简称 AECT）在 1994 年发布的有关教育技术的定义是中国普遍认可的教育技术定义：教育技术是关于学习资源和学习过程的设计、开发、利用、管理和评价的理论和实践[22]。

2005 年，AECT 又给出教育技术的定义：教育技术是通过创造、使用、管理适当的技术性的过程和资源，以促进学习和提高绩效的研究与符合伦理道德的实践[23]。在这里我们要注意一个问题，1994 年，AECT 对教育技术的称呼是 Instructional Technology，翻译成中文是："教学技术"，而到了 2005 年对教育技术的称呼就改变为"Educational technology"，翻译过来就是"教育技术"，界定的范围发生了重大变化。

2017 年，AECT17 在经过 12 年的沉淀后对教育技术重新定义：教育技术是通过对学习、教学过程和资源进行策略设计、管理和实施来加强知识、调解和提高学习和绩效的研究以及对理论、研究、符合伦理道德的最佳实践[24]。2004 年 12月 25 日，教育部印发了《中小学教师教育技术能力标准（试行）》，这是中国颁布的第一个有关中小学教师的专业能力标准。该标准对教育技术做出了如下的定义：运用各种理论及技术，通过对教与学过程及相关资源的设计、开发、运用、管理和评价，实现教育教学优化的理论与实践[25]。

笔者更倾向于我国对教育技术的定义，他充分体现了教育与技术之间的关系，明确了教育技术的最终目地是实现教育教学的最优化。

（二）教育技术的内容

从教育技术的定义中不难看出教育技术的研究内容，就是对教与学过程及其相关资源的设计、开发、运用、管理和评价。

1. 设计

教育技术所研究的"设计"单指对教与学过程及其相关资源的设计，包括教学内容的设计、教学资源的设计、教学过程的设计、教学方法的设计、教学心理分析的设计等。

我们以《电子商务》课程中关于"网络安全"教学设计为例来分析一下教育技术"设计"的主要内容。

教学内容的设计：要明确课程的教学内容是"网络安全"，对于这个教学内容的理解，采取的方式是通过教学课件展示、播放相关视频、讲述相关案例等，最终得出网络安全的重要性。这里涉及的技术手段包括多媒体投影、音视频等。

教学资源的设计：为保证课程顺利完成，需要提前准备好相关教学资源，包括事先制作好的涉及网络安全相关理论的 PPT，网络安全案例相关的文字资源、图形图像资源、影音资源，事先还要检查一下相关技术设备资源的准备情况等。

教学过程的设计：整个教学过程可分为 5 步来进行设计，第 1 步给学生展示"熊猫烧香""勒索病毒"的图片以及它们所带来的危害，以激发学生学习的兴趣；第 2 步是向学生播放中央电视台 315 晚会中关于网络安全的片段，向学生敲响安全警报，让他们感知到网络安全问题就在自己的身边；第 3 步是让学生自己利用全球共享资源查询网络安全的相关内容以及防范办法；第 4 步是让学生对自己得出的结论进行分析总结并提出自己的观点和意见；第 5 步是对学生建构的知识进行进一步提升与总结，结合相关理论，明确教学目标。

教学方法的设计：在教学过程中所采取的方法主要是演示法、案例法、引导法、情境法、探究法、小组分析讨论法等。

教学心理分析的设计：要依据上课的学生层次进行心理分析，针对不同层次的学生所采取的教学策略设计应该有所不同。

2. 开发

教育技术中的"开发"主要指的是借助相关技术手段，把上述的设计方案以及设计内容转化为物理形态的过程。

例如在给小学生讲授"两个三角形可以变成一个平行四边形"时，为了让小学生更加形象地理解三角形与平行四边形的关系，教师可以利用 FLASH 软件或 3D 软件制作一个小动画进行展示：在动画中将两个一模一样的三角形重叠后，以上端顶点为轴，将其中一个三角形向上旋转，旋转到与另一个三角形头对头正对着，再将上面的三角形沿两个三角形的一条边向下移动，当移动到两条边完全重合的时候，两个三角形就变成了一个平行四边形。(图 3-15)

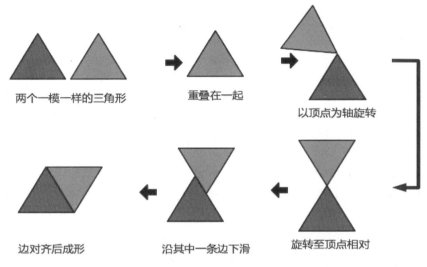

两个一模一样的三角形　　　　重叠在一起

以顶点为轴旋转

边对齐后成形　　　　沿其中一条边下滑　　　　旋转至顶点相对

图 3-15　自主开发的三角形与平行四边形小动画

3. 运用

教育技术的运用包括相关媒体的运用，相关信息技术手段的推广，相关设施设备等的革新，相关教育技术的制度化建设、相关政策法规等。

例如在给小学生讲解"酸、甜、苦、辣、咸"五味的时候，如果光用语言去描述，同学们肯定不能完全理解，又不能拿出相关的材料让学生去品尝（这里强调授课的时候一定不要给学生吃任何食品，因为你不知道哪位同学对哪样食品过敏，一旦出现危害，后果不堪设想），这个时候就可以运用相关媒体以及相关资源向学生展示出现这五种味道时人的表现：酸得浑身发抖；甜得兴高采烈；苦得愁眉不展；辣得口鼻喷火；咸得难以下咽。让学生看着图片或视频，感同身受，以加深学生对五味的理解，同时还提高了学生的学习兴趣。

4. 管理

教育技术的管理主要包括教育教学项目管理、教务系统管理、信息化管理以及教育教学资源管理等。在这里笔者重点提一下教务系统管理，笔者认为教育技术对教育最大的促进与变革就是在教育教学中开展的教务系统管理。无论学生选课、教师查阅课表，还是成绩系统分析、毕业审核等一系列的工作因为有了教务系统管理而大大减轻了工作人员的劳动量，提高了教育教学管理工作的效率。

例如本科生排课工作，没有教务管理系统的时候，每个学院只能在自己学院所属的教室排课，出现问题了先自行解决，等其他学院的课排完了才能考虑与其他学院沟通借用其他学院的教室，因为没有系统，不知道某一个时间段哪个学院的教室是空闲的，因此每学期的排课工作成为教学秘书最为头疼的工作。当出现了教务管理系统后，每位教学秘书在排课的时候都能看到全校的教室资源、教师资源，马上就能知道哪些教室在哪个时间段可以为己所用，大大减少了排课的时间，提高了工作效率。

5. 评价

教育技术的评价包括阶段性评价、形成性评价、诊断性评价、终结性评价等。传统的教学评价大多以考试为主，但在教育技术领域评价的内容可以是学生的成绩、学生的平时表现、学生的学习状态、学生的学习心理、学生的兴趣爱好、教师的教学效果等，评价的方式也变得多种多样且更加客观公正。

例如疫情此起彼伏，异常不稳定时，大部分学校的课程均采取线上线下相结合的模式，那么对学生的评价也就不能单一地通过期末考试来决定，这个时候教育技术就起到了至关重要的作用。利用线上学习平台的签到功能，可以随时考核学生的出勤情况；平台的视频播放功能，既能让学生观看视频还能记录每个学生的观看时间、时长和次数；穿插于视频教学中的限时回答问题功能，还能监控学生听课的认真程度；等等。这些其实都是对学生学习状态的一种评价，完全解决了师生不能见面，教师无法了解每个学生真实听课状态的难题。

（三）教育技术的发展

教育技术的发展阶段我们可以从技术层面和时间层面进行划分。

1. 技术层面

教育技术从技术层面上可以分为 3 个阶段：传统教育技术阶段、视听教育技术阶段和信息化教育技术阶段。

（1）传统教育技术阶段（人类文明产生——印刷术的发明）

这个阶段的教育技术主要体现在口口相传、孔子私塾、苏格拉底的产婆术等方面。常见的教育技术手段与设备有竹简、黑板、粉笔、教材、教学模型等。可见教育技术与信息一样从古至今就一直存在并发展着，只是受到时代和科学技术水平的限制，教育技术的发展才存在一定的局限性。

传统教育技术虽然是教育技术发展的第一阶段，但却占据了人类文明发展过程中很漫长的一段时间，直到现在有些地方，或者有些课程还在延用传统的教育技术。在这里我们要清楚地认识到传统教育技术在时间上虽然属于初级发展阶段，但它永远也不可能在时代潮流中逐渐退去，反而还会保留其显著特色而继续向前发展。例如《高等数学》课程教学中关于公式推导的讲授，几乎所有的任课教师和学生更愿意采取传统的黑板加粉笔的教育技术，而不接受利用多媒体计算机展示。原因在于公式的推导重在过程，而这个过程只有通过教师手中的粉笔一个数字、一个字母、一个符号地写出才能增强学生的记忆力、理解力，才能更有利于学生对公式的深入领会。

（2）视听教育技术阶段（电话、广播、电视广泛应用）

19 世纪末 20 世纪初，我国著名教育学家陶行知为推动平民教育，在浙江嘉兴进行了一场千字课教学实验，在实验教学中打破了"一块黑板+一盒粉笔"的传统教育模式，首次使用了幻灯机进行现场教学，从此拉开了我国教育信息化的序幕，这场千字课教学实验同时也标志着我国教育技术的发展进入了以"幻灯、投影、广播、电影、录像、电视"等为载体的视听教育技术阶段。

美国视听教育家戴尔于 1946 年写了一本名为《视听教学法》的书，其中提出了"经验之塔"（cone of experience）理论（图 3-16），把有关视听的内容引入教育教学，成为教育技术发展过程中的重要理论之一[26]。

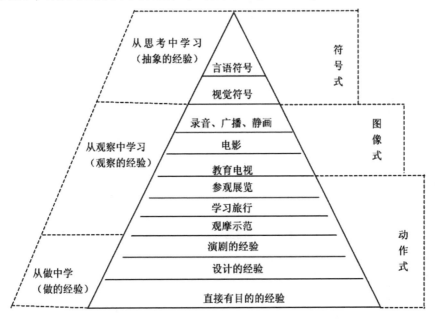

图 3-16 戴尔的"经验之塔"理论模型

教育技术的这一发展阶段是目前应用最广的发展阶段，大部分学校都在采用这类教育技术，虽然有些教学内容已经迁移到第三阶段的互联网，但只是平台的变换，教学内容中所涉及的教育技术还是这一阶段的内容。

（3）信息化教育技术阶段（计算机与互联网的产生——人工智能）

信息化教育技术阶段是信息时代的必然产生，在这个阶段教育技术主要应用的技术手段有多媒体计算机、多媒体网络机房、校园网、互联网、云平台、虚拟现实技术和人工智能技术等，在教育教学中的具体体现是网络课程的开发与运用、基于认知理论的教学设计、基于建构主义的以"学"为主的教学设计、大数据与学习分析、人工智能与适应性教学等方面，这一阶段是教育技术大力发展与广泛应用的阶段，也是真正体现教育与科技高度契合的阶段。

例如美国 Blackboard 公司开发的在线教学管理平台 Blackboard。该平台中的每门课程都具备 4 个完全独立的功能模块：内容资源管理模块（便于教师发布、管理和组织教学内容）；线上交流功能模块（为师生提供同步和异步的线上交流工具，保证师生之间交流的畅通）；考核管理模块（包括学生的自测，学习的小测验，阶段性和总结性考试，相关学习资源调查以及教师记分册等）；系统管理模块（为管理者提供相关的教务管理、数据统计分析、教学评价等）

2. 时间层面

关于教育技术时间层面的发展，我们从国内、国外两个方面进行分析：

首先把视线放到国外的历史长河。

（1）视觉教育阶段（1918—1928 年）（图 3-17）

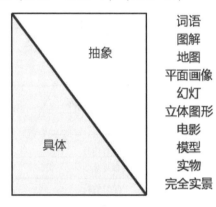

图 3-17　视觉教育的分类模式

1906 年，美国宾夕法尼亚州的一家出版公司出版了一本主要介绍如何拍摄照片、如何制作和利用幻灯片的书，书名是《视觉教育》。这是"视觉教育"一词首次进入人们的视野。此后，越来越多的教育者参与了视觉教育的学习与研究。1918 年，第一个视觉教学期刊《胶卷与幻灯》创刊，次年，更名为《电影时代》。这是人类历史上第一个视觉教学专业刊物。直到 1923 年，美国教育协会建立了视觉教育分会，视觉教育工作者们才开始正式发展属于自己的学说和流派，并把夸美纽斯和裴斯泰洛齐等人倡导的直观教学作为视觉教育的理论基础。1928 年，世界上第一本关于视觉教育的教科书《学校中的视觉教育》问世，并断言"视觉经验对学习的影响比其他各种经验都要强得多"。1937 年，霍本等人编著了《课程的视觉化》一书，提出了视觉教材的分类模式和选用原则。

（2）听教育阶段（1928—1955 年）

随着无线电技术的发展，广播、录音机、有声电影等技术逐渐被应用到教学中，美国教育协会视觉教学分会于 1947 年正式更名为"美国教育协会视听教育分会"，将"视觉教育"提升为"视听教育"。"视听教育"与"视觉教育"最显著的区别就是在教学媒体中增加了"声音"元素。

视听教育最典型的案例就是美国视听教育家戴尔于 1946 年出版的《视听教

学法》一书中提到的"经验之塔"（cone of experience）理论，后来这一理论被称为视听教育的主要理论依据。20 世纪 50 年代中期，美国心理学家斯金纳根据行为主义学习理论设计了新一代的教学机器，提出程序教学的思想与原则，并推动了程序教学运动，从而促进了教学设计过程和理论的诞生与早期发展[27]。

（3）视听传播阶段（1955—1965 年）

随着视听教育的发展，特别是教育电视的使用并进行课堂教学，加上美国政治学家。政治传播学先驱哈罗德·拉斯韦尔等人创立的传播学开始影响教育领域，从而加大了"视听"与"传播"的联系，直到 1962 年美国加州大学的博士生埃博克发表了论文《关于视听传播领域的过程与系统结构》，首次提到了"视听传播"一词。1963 年 2 月，美国教育协会视听教育分会委员会提出报告，建议将视听教育的名称改为视听传播，1963 年，美国教育协会视听教育分会正式对视听传播定义为：视听传播是教育理论与实践的分支，主要研究控制学习过程的信息的设计和使用[22]。

拉斯韦尔的 5W 传播理论如图 3-18 所示，该理论不仅仅对传播学的发展起到了至关重要的促进作用，对视听教育乃至当今教育的发展都有着不可磨灭的作用。

W ⟶ Who? 谁？

W ⟶ say What? 说了什么？

W ⟶ in Which channel? 从什么途径？

W ⟶ To Whom? 对谁？

W ⟶ With What Effect? 取得什么效果？

图 3-18　拉斯韦尔的 5W 传播理论

（4）教育技术阶段（1965 年至今）

1963 年，美国教育协会视听教育分会委员会发表的一份有关专题报告中坦露："视听传播这一名称是为了方便起见而采用的，如果今后有比这更合适的名称的话，肯定会取而代之的。"于是到了 1970 年 6 月 25 日，美国视听教育协会经过大会表决，根据多数代表意见，决定改名为教育传播和技术协会，简称 AECT。1972 年，该协会将其实践和研究的领域正式定名为教育技术。

下面把目光投向我国的上下五千年文明历史：

我国的教育技术发展阶段各家说法分类不一，如新中国电化教育的奠基人南国农先生的教育技术六阶段说（图 3-19）：

中国教育技术协会常务理事、学术委员会委员，北方地区部分高等学校电化教

图 3-19　南国农先生的教育技术发展六阶段说

育学科协作组组长内蒙古师范大学李龙教授提出了教育技术四阶段说（图 3-20）。

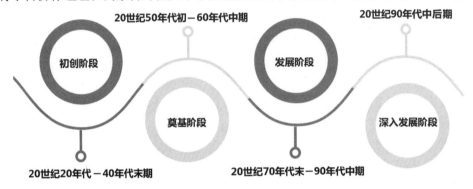

图 3-20　李龙教授的教育技术发展四阶段说

2012 年《教育技术专业国家标准》中对教育技术发展提出的四阶段说（图 3-21）。

图 3-21　《教育技术专业国家标准》教育技术发展四阶段说

二、信息技术与教育技术的区别

（一）定义上的区别

信息技术是用于管理和处理信息所采用的各种技术的总称，包括如下 3 方面的内容：一是从日常生活中获取数据的技术；二是从大量数据中提取有用信息的技术；三是对信息进行再创新再加工的技术。而教育技术则是指运用各种理论及技术，通过对教与学过程及相关资源的设计、开发、运用、管理和评价，实现教育教学优化的理论与实践。

（二）学科上的区别

信息技术属于信息学科，理工科范畴。研究的对象是对信息的获取、处理、加工、存储、传递等，其主要目的是培养学生的信息素养，包括信息能力、信息意识、信息道德、信息伦理等，在与教育相结合过程中信息技术只是一种手段、一种技术，对教育起到一定的辅助作用。

教育技术则属于教育学科、教育学范畴。研究的对象是教学过程和教学资源，关注点在于如何把各种技术应用到教育中，实现教育教学的最优化。而且把信息技术应用于教育技术的只是信息技术中关于多媒体计算机技术、人工智能技术、网络通信技术、仿真技术和虚拟现实技术等一小部分。

（三）教材上的区别

信息技术所用的教材内容大多是基础工具的使用、软件的开发、系统的管理等，属于一种工具、手段、任务。

教育技术所用的教材内容则更偏重于如何进行教学设计、实施教学策略、完成教学任务以及开展教学评价等。

三、信息技术与教育技术的联系

（一）信息技术是教育技术的重要组成部分

教育技术有时也被称为现代教育技术，其中的技术包括有形（物化形态）技术和无形（观念形态）技术两大类。有形技术主要指在教育教学活动中所运用的物质的可见的工具，如黑板、粉笔、幻灯、投影、电影、计算机、网络等[28]，这里投影、计算机、网络等的应用技术就属于信息技术的范畴，教学活动中所涉及的媒体技术，以及教育教学管理系统、评价系统、虚拟现实、人工智能等都离不开信息技术的支持，所以说信息技术是教育技术的重要组成部分。

例如：教师在制作多媒体课件的时候，所有的文字、表格、图表等内容可能会用到 Office 中的 Word、PowerPoint，在处理其中涉及的图片时可能会用到 Photoshop 软件，如果涉及小动画可能用到 Flash、3D 软件，这些都是信息技术中的一部分；教师在上课的时候会涉及多媒体计算机、投影仪、电子白板以及网络教学管理系统，这些也是信息技术中的一部分；作为教育管理工作者需要对学生的成绩进行统计分析，对教师的评职评优等进行管理，可能会涉及的是 SPSS、教务管理系统、评职系统等，这些更是属于信息技术的范畴。可见，很多教育技术的实现都是离不开信息技术的支持的。

（二） 信息技术的发展优化教育技术的变革

从教育技术的发展阶段看，教育技术的每一次变革都与信息技术的发展息息相关，正是信息技术的不断发展才使得教育技术一次次地优化，才能更有效地改善教学环境，提升教学效果。

例如早期高校学生考完试后，教务人员需要通过电话、邮件等方式将学生的成绩通知到每位学生，特别是有不及格科目的学生，要保证他们在假期能够认真复习，迎接开学后的补考，工作量非常大，而且还有可能出现有学生收不到通知的情况。但随着信息技术的发展，网络的出现，使各高校都有了自己的校园网，有了自己的教务系统。学生考完试后，只需在规定的时间登录自己的账号，就能随时查看自己的考试成绩、历史成绩等，并能及时了解自己的学分情况，以合理规划自己下学期将要修读的学分数量。

（三） 教育技术的发展促进信息技术的提升

21 世纪既是信息技术飞速发展的时期，也是教育技术不断更新的时代，特别是我国教育信息化的提出，更加强了信息技术与教育技术的密切联系。《教育部关于一流本科课程建设的实施意见》中提到的，从 2019—2021 年完成 4000 门左右国家级线上一流课程（国家精品在线开放课程）、6000 门左右国家级线上线下混合式一流课程、1500 门左右国家虚拟仿真实验教学一流课程认定工作[29]，掀起了全国各高校教育技术的发展热潮。而近几年的线上教学，更激发了教学工作者对教育技术应用的热情和高度重视。越来越多的教育工作者渴望有更新、更快、更实用的技术来支持自己的教学改革与教学科研工作，无形中给所有信息技术工作者增加了压力，同时也为信息技术的提升提供了强有力的动力和支持。

例如：2020 年 2 月初，当国家下达"停课不停学"的指导意见后，除了各高校在积极准备线上教学，各线上教育平台更是加紧技术研发，为全面保证线上教学的顺利进行废寝忘食。除此之外，为了方便疫情形势下的线上办公，腾讯、钉钉、企业微信等也相继快速研发出能够满足人们各种需要的客户端，并提供各类即时服务支持。

再如医疗院校在进行人体机能及相关临床教学时，无法实现到真实环境中的真实实验，这时候就急需信息技术的支持，于是虚拟现实技术、人工智能技术在医疗教育教学中的应用就应运而生了。

第五节　本章小结

本章主要介绍的是信息技术与教育变革的关系，信息技术教育是素质教育的重要组成部分，信息技术对教育有着强有力的支撑作用。

信息技术的发展经历了 5 个阶段，而教育的发展也经历了 4 次革命，并且每次革命都少不了信息技术的参与，可见信息技术与教育有着源远流长的关系，并互相促进互相影响。

2012 年，为切实落实《国家中长期教育改革和发展规划纲要（2010—2020年）》中关于教育信息化的总体部署，国家专门出台了《教育信息化十年发展规划（2011—2020）》，明确了教育信息化是信息时代我国整个教育工作的重中之重。

教育信息化的内容主要分为 3 个方面：教育思想信息化、教育资源信息化和人才观念信息化。

教育思想信息化强调教育的人本化和个性化，也就是我们现在一直坚持的"以人为本"与"因材施教"。

教育资源信息化是教育的重要内容，包括课程建设、教材建设、教学方法、教学模式、教学技术、教学环境、教学评估、教学管理、教师素质、教育体制等多个方面。

人才观念的信息化就是把对人才的培养定位在培养学习能力强、善思考、会做事、能创新的人。而教师所教授的内容以教为中心转变为以学为中心，让学生学会学习，学会解决问题，学会协作，学会创新。

教育信息化区别于传统教育的特征有 5 个：教育环境虚拟化，教育系统开放化，教育资源全球化，教育教学个性化，学生学习自主化。

教育信息化的典型案例就是信息技术与课程整合，"信息技术与课程整合"是我国面向 21 世纪基础教育教学改革的新视点，是继承了传统学科教学的优势，同时又具有一定相对独立特点的教学类型。

信息技术与课程整合的目标是提升课堂教学质量和教学效果，培养学生终身学习的学习态度和学习能力，提高学生的信息素养和信息技术水平，优化学生信息时代的学习方式和学习途径。信息技术与课程整合的常见教学模式大致可分为3 种类型：传递接受式教学模式、情境探究式教学模式和合作研究式教学模式。

同时我们也一定要清楚地认识到信息技术和教育技术是两个完全不同概念和学科领域，不能把它们等同起来，更不能单纯地强调其中的某一方面。

教育技术指的是运用各种理论及技术，通过对教与学过程及相关资源的设计、开发、运用、管理和评价，实现教育教学优化的理论与实践。信息技术是教育技术的重要组成部分，信息技术的发展优化教育技术的变革，同时教育技术的发展又间接地促进了信息技术的提升。

参考文献

[1] 顾明远，石中英. 《国家中长期教育改革和发展规划纲要（2010—2020年）》解读［M］. 北京：北京师范大学出版社，2022.

[2] 教育部. 关于推进教育新型基础设施建设构建高质量教育支撑体系的指导意见［R］. 2021.

[3] 卡尔·雅斯贝尔斯. 什么是教育［M］. 北京：三联书店，2021.

[4] 刘延东. 在国际教育信息化大会上的致辞［N］. 中国教育报，2015-06-09.

[5] 刘建. 人本主义教育哲学的反思与回归［J］. 教育发展研究，2017，37（06）：57-62.

[6] 史大胜，常媚，赵上宁. 美国智慧平衡测评系统对我国教育评价信息化改革的启示［J］. 当代教育论坛，2022（02）：59-66.

[7] 翟博. 新时代教育工作的根本方针［N］. 中国教育报，2019-09-16

[8] 张剑平. 现代教育技术［M］. 高等教育出版社，2021.

[9] 臧青. 运用学习金字塔理论，改进高中数学教学［J］. 数学教学，2011（5）：8-9.

[10] 张建伟，陈琦. 从认知主义到建构主义［J］. 北京师范大学学报（社会科学版），1996（4）：75-81.

[11] 教育部. 教育部关于加快建设高水平本科教育全面提高人才培养能力的意见［R］. 2018.

[12] 谢玉华. 网络课程中基于认知灵活性理论的非线性学习研究［J］. 教学与管理，2008（06）：92-93.

[13] 李克东. 信息技术与课程整合的目标和方法［J］. 中小学信息技术教育，2002（04）：22-28.

[14] 黄中林. 利用现代教育技术提升小学习作教学的效益［J］. 课外语文·教研版，2013，10：11.

[15] 乔伊斯，等. 教学模式［M］. 北京：中国轻工业出版社，2009.

[16] 何克抗，吴娟，信息技术与课程整合的教学模式研究之二——"传递—接受"教学模式［J］. 现代教育技术，2008（08）：8-13.

[17] 周琢虹. 情景体验式教学模式在高职高专心理学课中的运用研究［J］. 职教论坛，2014（12）：83-85.

[18] 陈琦，刘儒德. 当代教育心理学［M］. 北京：北京师范大学出版社，2007.

[19] 教育部. 教育部关于印发《普通高中"研究性学习"实施指南（试行）》的通知［R］. 2001.

[20] 顾明远. 教育大辞典［M］. 上海：上海教育出版社，1998.

［21］尹俊华等. 教育技术学导论［M］. 北京：高等教育出版社，2011.

［22］李康. 试论教育技术及其研究对象——兼评美国 AECT' 94 教育技术定义［J］. 中国电化教育，2001（01）：9-13.

［23］贾纳斯泽乌斯基，莫伦达. 教育技术：定义与评析［M］. 北京：北京大学出版社，2010.

［24］李海峰，等. AECT2017 定义与评析——兼论 AECT 教育技术定义的历史演进［J］. 电化教育研究，2018，39（08）：21-26.

［25］教育部. 教育部关于印发《中小学教师教育技术能力标准（试行）》的通知［R］. 2004.

［26］盛群力. 教学设计［M］. 北京：高等教育出版社，2005.

［27］缪学超. 程序教学法的形成、要义、实验及当代价值［J］. 课程·教材·教法，2015，35（07）：105-107.

［28］马君. 教育技术与信息技术的关系刍议［J］. 教学与管理，2011（06）：12-13.

［29］教育部. 教育部关于一流本科课程建设的实施意见［R］. 2019.

第四章　信息技术与前沿创新

第一节　引言

推动战略性新兴产业融合集群发展，构建新一代信息技术；

加快建设网络强国、数字中国，以信息化数字化驱动引领中国式现代化；

信息科技领域涌现出的每一项颠覆性创新技术，都将引起未来社会的重大变革。(图4-1)

图4-1　信息技术前沿——智慧中国

习近平总书记在中国共产党第二十次全国代表大会上的报告中提到：到2035年，我国发展的总体目标是：经济实力、科技实力、综合国力大幅跃升，人均国内生产总值迈上新的大台阶，达到中等发达国家水平；实现高水平科技自立自强，进入创新型国家前列；建成现代化经济体系，形成新发展格局，基本实现新型工业化、信息化、城镇化、农业现代化；同时还强调推进新型工业化，加快建设制造强国、质量强国、航天强国、交通强国、网络强国、数字中国[1]。在这里我们要注意3个问题：一是创新型国家前列；二是新型信息化；三是网络强国、数字强国。这些内容的提出对我国来说是一个严峻的考验，同时也是对全体中国人民提出的一个奋斗目标。那么如何来实现2035年的伟大发展总体目标呢？信息技术的前沿创新非常重要，进入21世纪后，信息就处于一种爆炸式发展进步中，各行各业的发展都大量出现信息的影子，都离不开信息技术的飞速发展，现在我国需要的不是稳步缓慢前进，而是高精尖的技术，需要的是最前沿的科技。

未来，人们的生活也将离不开网络，离不开数字，离不开高端信息技术。

第二节　信息技术创新基础

一、互联网

1957 年 10 月 4 日，前苏联研制的世界上第一颗人造卫星（斯普特尼克 1 号）发射成功。消息迅速传遍全球，各国为之震惊，尤其是一直以科技全球领先的美国，无疑是一次最为沉重的打击，于是一个史无前例却在后来改变全人类命运的科研计划悄悄开始了。

（一）互联网的前世今生

互联网（internet），又称国际网络，音译也被叫作因特网、英特网，指的是一个网络与一个网络之间串联，最终形成一个覆盖全球的庞大网络。

1. 互联网的前世

互联网的前世是一段艰苦的创业史。

最早的互联网被称为阿帕网，是美国军方于 1946 通过阿帕（ARPA，美国国防部高级研究计划局，1958 年成立）结合计算机公司和大学共同研制 ARPAnet 网络，先后吸纳了当时最为著名的计算机专家约瑟夫·利克莱德、罗伯特·泰勒、拉里·罗伯茨等。阿帕网在研制之初，主要考虑到军方在应用网络的时候，网络必须经受得住故障的考验，并且能够维持正常的工作，一旦发生战争，当网络的某一个局部因受到攻击而失去功能，不能维持正常工作的时候，同一网络中的其他局部应该还能维持正常的通信工作。1969 年 9 月 2 日，美国计算机专家伦纳德·克兰罗克（L. Kleinrock）教授实现了两部电脑的连接，阿帕网从此诞生。

1969 年 10 月 29 日晚 22 点 30 分，阿帕网加州大学洛杉矶分校（UCLA）第 1 节点与斯坦福研究院（SRI）第 2 节点开始尝试进行真正意义上的互联。当时由著名学者克兰罗克在洛杉矶向 500km 之外斯坦福的比尔·杜瓦传递信息。计划传递的信息是由 5 个字母组成的单词 Login，意思是"登录"。当时洛杉矶首先输入了 L，问"收到了吗？"斯坦福的人员抑制不住内心的激动回答："收到了，收到了！"接下来输入了 O，"收到了吗？""收到了，传输过来了！"工作人员的手都已经激动颤抖了。当再次输入 G 的时候传输系统突然崩溃，传输中断。这就是人类第一次互联网的连接，虽然这次互联传输的内容仅仅是两个字母 L 和 O，但正是这个"LO"，使人类开启了网络新时代的大门。

阿帕网主要用于军方在网络上的应用，并不能实现全民化，所以 1986 年，美国国家科学基金会利用 TCP/IP 协议，建立了美国国家科学基金会网络（NSF-NET），并在美国建立了 6 个超级计算机中心，允许研究人员进行访问，阿帕网逐渐被替代，并很快退出了历史舞台。随着1989年商业互联网提供商出现之后，互联网的商业化逐渐发展起来，1995年，美国国家科学基金会正式将自己的网络（NSFNET）经营权转交给美国三家最大的私营电信公司（AT&T、VERIAZON、SPRINT-NEXTEL），从此互联网进入了真正的商业运营时代。

2. 万维网的产生

1989年，商业互联网正式开始，计算机之间也已经实现了互相连接，也就是我们所说的网络出现了，人们使用的计算机也能联网了，但是却不能如现在这样随意打开一个浏览器，输入想进入的网址，找到所需的资料。当时的技术，要想通过网络获取其他计算机里的信息，需要由专业人员编写一大段复杂的代码才能实现，所以当时的互联网只能被少数专业人员所用。而现在之所以能够自由遨游在网络世界，是因为一个人的出现——蒂姆·伯纳斯·李。如果说这个世界上有神一样存在的人，那么，蒂姆·伯纳斯·李就是其中之一。

蒂姆·伯纳斯·李，1955年6月8日出生于英国伦敦，英国皇家学会工艺院院士，英国计算机科学家。互联网出现后，蒂姆·伯纳斯·李就希望所有的普通人都能加入到互联网中，享受互联网的魅力。经过一次又一次的实验，一遍又一遍的编写代码，于1989年蒂姆·伯纳斯·李发明了万维网，就是我们常见的www。1990年，他又开发了第一个网页服务器和第一个网页浏览器，从此互联网正式走入了普通百姓家，人类也终于迎来了网页时代。

蒂姆·伯纳斯·李没有把发明万维网的功劳全部归功于自己，他认为万维网是许多人辛勤努力和协同合作的结果。他说："如果我打算把万维网商业化，那么他就不会像今天这样成为一个美妙的全球性系统。"他认为，万维网的根本目标是将人们"更好地联系在一起——联结成一个更好的状况"[3]。

3. 互联网的今生

互联网的今生是一个充满神话色彩的财富史！

自从蒂姆·伯纳斯·李发明了万维网，互联网就如光速发展，人们就像发现新大陆一样乐此不疲地在网页上获取需要的信息。于是一个一个公司成立、网站诞生，手机中的App也在不断下载、不断更新，于是一个个的财富神话就此成为发生在人们身边的现实。

1993年1月，马克·安德森开发了Mosaic（马赛克）浏览器，从蒂姆·伯纳斯·李的文字浏览器提升为能显示图片的浏览器，于是第一个互联网神话出现了：1995年8月9日，年仅24岁的马克·安德森利用只有400万美元创始资金的网景公司在纽约上市，一夜之间便成为拥有20亿美元的巨人，马克·安德森也一夜成为亿万富翁。华尔街日报当时评论说：美国通用公司花了43年才使市值达到27亿美元，而网景公司只花了1分钟！

1995年3月，在美国斯坦福大学就读的华裔学生杨致远和大卫·费罗共同创建了雅虎公司，并于 1996 年上市，杨致远也因此一跃成为亿万富翁。

1997 年，成立不足 2 年，员工只有 26 人的电子邮件提供商 hotmail 被微软公司以 4 亿美元收购，再次成为互联网的财富神话。

接下来把目光放到国内，虽然我国的互联网事业起步较其他国家晚，但也是长江后浪推前浪。试将我国的互联网发展划分为 4 个阶段（图 4-2）：

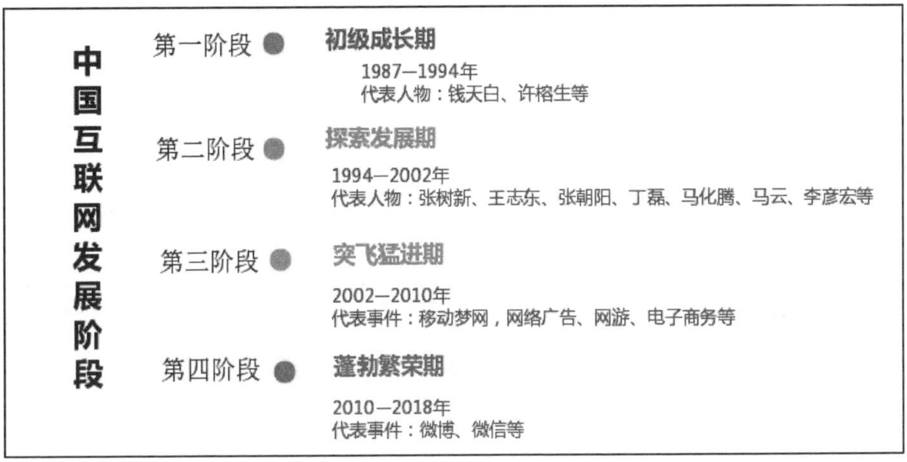

```
中    第一阶段 ●  初级成长期
国                1987—1994年
互                代表人物：钱天白、许榕生等
联
网    第二阶段 ●  探索发展期
发                1994—2002年
展                代表人物：张树新、王志东、张朝阳、丁磊、马化腾、马云、李彦宏等
阶
段    第三阶段 ●  突飞猛进期
                  2002—2010年
                  代表事件：移动梦网，网络广告、网游、电子商务等

      第四阶段 ●  蓬勃繁荣期
                  2010—2018年
                  代表事件：微博、微信等
```

图 4-2 中国互联网事业发展阶段

1987 年 9 月 20 日，计算机网络专家钱天白教授发出我国第一封电子邮件"越过长城，通向世界"，拉开了中国人使用 Internet 的序幕，他也因此被称为中国 Internet 之父。

1990 年 11 月 28 日，钱天白教授代表中国正式在国际互联网络信息中心的前身 DDN—NIC 上注册登记了我国的顶级域名 CN[4]。

1994 年 4 月，中国与国际互联网建立完全链接，成为全球第 77 个正式加入互联网的国家。

1994 年 5 月 15 日，许榕生团队创建中国第一个综合信息类网站《中国之窗》并在 CNNIC 注册域名 china-window. com. cn。

1995 年 5 月，张树新创立第一家互联网服务供应商（瀛海威），并在中关村南大街零公里处竖起了巨型广告牌"中国人离信息高速公路有多远——向北 1500 米"。因为就在广告牌 1500m 外，是瀛海威公司所在地。瀛海威的成立，让中国的普通百姓正式开始步入互联网。

1997 年，丁磊创建了提供 163 邮箱的网易公司；1998 年 2 月，张朝阳创建了搜狐；1998 年 11 月，马化腾创建腾讯公司，先后推出 QQ 和微信等社交软件；1998 年 12 月，王志东创建新浪网站、新浪微博；1999 年，马云创建阿里巴巴，成就现在的淘宝、天猫，以及完全改变人们生活习惯的支付宝；2000 年，李彦宏创建百度，成为国内最大的搜索引擎；2006 年 6 月，优酷网成立，发布内容开始走向视频；接下来就是一发不可收拾的移动互联时代……

　　未来，也许我们将进入"万联网"时代，那时候不仅仅是互联网、物联网、车联网，万物皆可相联，一切皆被数据化、数字化，成为一个真正的数字世界！

（二）互联网的特征

　　关于互联网的特征也是众说纷纭，例如相对比较全面的是十大特征分法：开放性、免费性、平等性、自由性、交互性、共享性、虚拟性、持续性、个性化和全球化。（图4-3）

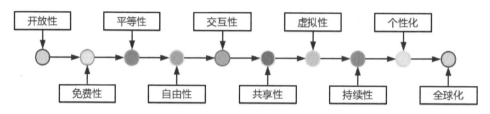

图4-3　互联网十大特征

1. 开放性

　　开放性是互联网最显著的特征之一，世界上任何一台计算机只要支持TCP/IP协议，就可以在任何时间、地点，自由自在地连接到互联网，实现资源共享。

2. 免费性

　　人们之所以乐此不疲地访问互联网，虽然有些内容收费，但大多数的互联网服务都是免费的（特别是中国移动、中国电信、中国联通三大通信运营商流量优惠政策推出后，移动互联便成为人们互联时代的主流），而且很多人们需要的网络资源也是免费的。

3. 平等性

　　在互联网的世界里不分等级，无论先进的笔记本电脑，还是老掉牙的旧电脑；无论白领精英，还是草根平民，在互联网的世界，用户是怎样的人，别人根本无法查证，他们了解的只有通过键盘操作表现出的形象！

4. 自由性

　　网络世界是一个自由自在的虚拟世界，没有国界，不分高低贵贱，可以自由搜索自己想要的信息，自由上传自己的心得感悟，自由发表自己内心的感慨（当然，现在互联网也有相关法律法规，自由的同时千万不要违法呀）。

5. 交互性

　　互联网的交互性从简单的意义理解，就是人们可以通过互联网，利用各种输入/输出方式与系统或其他人在一定程度上进行直接的双向交流和沟通。例如，现在常用的微信，好友之间既可以通过文字输入进行联系，也可以通过发送语言，拨打音频、视频电话等方式进行直接的双向沟通。

6. **共享性**

共享是互联网的本质特征，互联网中的信息具有极强的复制和传播能力，准确地说，人们可以获取他人分享到互联网的信息资源，同时也可以把自己的成果和技术分享到互联网上与他人共享。正是因为互联网的共享性，信息才得以更快地传递，知识才得以真正地传播。

7. **虚拟性**

网络世界里没有真实的事物存在，也没有真实的人存在，呈现的是经过数字化处理的信息。例如，在进行网络购物的时候，看到的并不是真实的商品，而是图形化、数字化的内容；支付宝支付的也不是看得见、摸得着的人民币，而是你银行卡余额中的数字，而且这张银行卡也不是你钱包里那张实实在在的卡，而只是一串卡号。

8. **持续性**

互联网的发展是持续的、不断飞速前进的，它给用户提供的服务和带来的价值也是倍速增长的。

9. **个性化**

互联网是一个开放、虚拟、自由、平等的世界。在这个世界里，若想体现个人价值，不被浩瀚的信息淹没，就必须突出自己的个人特色。

10. **全球化**

互联网是一个覆盖全球的网络，通过互联网，人们可以到世界的各个角落旅游，或者获取世界各地、各领域的所需资源，只要掌握足够多的语言种类，互联网就是本土化的产物。

二、大数据

在理解大数据之前，先来做两个小实验。

实验1：准备两部手机（A和B）同时打开一个购物App，都停留在主界面，观察A和B屏幕展示的内容是否一样。

实验2：两部手机同时打开抖音App，进入推荐页面，观察抖音推荐的内容是否一样？

实验证明，即使两部手机在同一秒做上述两个实验，界面显示的内容也是不一样的，而且显示的内容都是机主比较感兴趣的东西。为什么会出现这样的情况呢？

现在，几乎每一个通过互联网运行的软件，后台都有一台智能大数据系统。因为每个用户都有自己独立的账号，所以系统会记录该账号每次访问的内容（浏览了什么，购买了什么，观看了什么），通过这些数据对用户进行深层挖掘分析，准确地判断出用户对哪些方面更感兴趣，从而在用户下次登录的时候直接向其推荐感兴趣的东西。

（一）大数据的内涵

大数据（big data），字面上的理解就是大量的数据，也可称为巨量资料。指的是所涉及的资料量规模巨大，大到无法透过主流软件工具，在合理时间内达到撷取、管理、处理并整理成为帮助企业经营决策更积极目的的资讯[5]。

世界著名咨询机构麦肯锡全球研究所给出的定义是：一种规模大到在获取、存储、管理、分析方面大大超出了传统数据库软件工具能力范围的数据集合，具有海量的数据规模、快速的数据流转、多样的数据类型和价值密度低四大特征[6]。

其实，"大数据"一词早在1980年就已经被提出了，当时最具影响力的社会思想家之一，著名未来学家阿尔文·托夫勒在《第三次浪潮》一书中提到世界的第三次浪潮就是"信息社会"，而"第三次浪潮的华彩乐章"就是"大数据"。但"大数据"真正风靡全球，则是进入21世纪之后，特别是2011年5月，在"云计算相遇大数据"为主题的EMC World 2011会议中，EMC抛出了Big Data概念。所以很多人认为，2011年是大数据元年。

那么"大数据"的出现对人类文明的发展究竟有什么作用和价值呢？

1. 为人类的生存提供更优化的系统帮助

人类的生存环境一直是压在人们心头的大石，无论大气污染、冰川融化、全球变暖、臭氧层破坏、太阳磁暴等事件，都会严重影响人们的生活，这些在过去都是人类无力阻止和改变的。那么如何切实有效地开展环境治理，为人类打造一个最优的生存系统呢？当大数据技术出现后，人们就可以利用大数据对目前存在的环境问题进行研究、分析、预测，做出合理的判断，提出有效的治理方案。例如我们现在看到的相对准确的天气预报，特别是有的天气预报软件能够更为准确地预测到几点几分开始下雨等，就是充分利用大数据对近期空气中的风、云、温度、湿度等进行分析，并对其可能发生的变化进行预测，最后得出的结论。

2. 为人类的活动提供强有力的智力支持

通过大数据技术，可以更加全面地收集社会、政治、经济、文化、艺术等领域的相关数据，为人类的活动提供智力支持，这对于人们事业发展的决策模式和运作模式将产生深远的影响。例如，人们自驾旅行时，常会用到高德地图、百度地图、导航犬等导航类App，目的是通过导航软件中的大数据分析系统，收集出发地与目的地之间所有交通数据与信息，通过对云端时时更新的大数据，规划出最佳的路线，而且还能及时根据路况数据修正最初的规划。更为先进的是，现有的导航软件不仅可以对车速情况及时提醒，途中出现的信号灯数量以及信号灯变换的时间也能准时播报，以便车主能够及时做出相应的决策。

3. 为人们的生活提供个性化的服务帮助

通过大数据技术，可以自动收集人们自身的各类相关信息，构建个性化的智能数据库，为人们的生活提供个性化的服务与帮助，使人们能够更精准地对自己做出合理的判断。例如电视剧《外科风云》中有一个情节：一位患者正利用医院初诊平台与医生沟通病情，突发疾病倒地且无法自救。于是医生便通过初诊平台所看到患者发病时的现场视频以及大数据中记录的患者既往病史判断出患者的病情，然后又通过初诊平台大数据中保留的患者个人信息，查到患者的家庭住址并马上拨通 120 将患者送往医院，从而成功挽救了患者的生命。再如线上教学期间，教师能够相对准确地掌握学生的学习态度以及学习情况，做到切实有效的个别指导，靠的就是在线教学平台收集的每位学生的相关数据，通过这些大数据为老师提供个性化的服务与帮助。

4. 为企业的运营提供更有效的数据信息

通过大数据技术，企业可以更为全面和快捷地掌握用户整体需求以及未来发展趋势，让企业的决策更为准确，及时改变企业的运营模式，从而提高企业的整体运营效率。例如全球领先的学术科技期刊和专著出版商施普林格通过大数据分析，发现目前 88% 以上的学术科研机构、政府企事业单位等对期刊形式的需求改成数字期刊，只有 12% 的机构表示仍需要纸制期刊。于是他果断决定加速自己公司由纸质出版向数字化出版的转变，从而提升了自己企业的运营效率。结合现在的生活也不难发现，越来越多的人不愿意购买纸制书籍，而是选择了利用网络进行在线阅读。

5. 为企业的创新提供更先进的资源技术

通过大数据技术，企业可以为自己的发展前景做出客观预测，帮助企业开辟全新的业务形态，从而提升企业的科研技术水平，拓宽企业的业务领域。例如众所周知的银行，以前办理业务必须本人携带各种手续和证件到银行业务大厅，既浪费时间，又存在各种潜在的危机。当大数据技术出现了，银行利用大量的数字资源和先进的技术手段，推出手机银行、网络银行、电子银行和数字银行等相关创新业务，既满足了客户的要求，同时也拓宽了银行的运营方式。

6. 为城市的建设提供更智慧的管理技术

近年来，我国的城市建设正逐步走向智慧化，智慧交通、智慧电网、智慧医疗、智慧环保、智能家居、智能小区、智慧学校、数字城市等层出不穷，这些都离不开大数据技术的支持，可以说"大数据"就是智慧的源泉。例如疫情封控期，因为所有人都需出示身份证明开展核酸检测，有个别隐匿多年的犯罪分子就被大数据平台的信息识别出来，真所谓天网恢恢，疏而不漏呀。

（二）大数据的特征

对于大数据的特征，麦肯锡认为有 4 个特征：海量的数据规模、快速的数据流转、多样的数据类型和价值密度低；IBM 认为有 5 个特征：Volume（大量）、Velocity（高速）、Variety（多样）、Value（低价值密度）、Veracity（真实性）；现代比较流行的 4 大特征：数据量大（Volume）、类型多样（Variety）、价值密度（Value）和高速（Velocity）。笔者比较倾向将这两者结合起来形成更为精细的七大特征（图 4-4）：

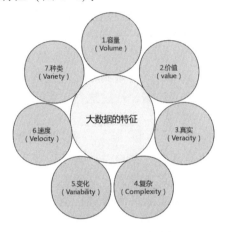

Byte	1Byte=1024bit
KB	1KB= 1024Byte
MB	1MB= 1024KB
GB	1GB= 1024MB
TB	1TB= 1024GB
PB	1PB= 1024TB
EB	1EB = 1024PB
ZB	1ZB = 1024EB

图 4-4   大数据七大特征   图 4-5   大数据的计量单位

1. 容量（Volume）

大数据之所以被称为大数据，因为它是巨量数据、海量数据。如图 4-5 所示，现在常用到的数据已经到了用 EB 来计算的程度。大数据的核心是对数据的处理，而且数据的数量直接决定着数据的价值和潜在的信息。

2. 价值（value）

大数据给人们生活带来的价值前面我们已经说了，这里不再重复。

3. 真实（Veracity）

大数据源于生活，而生活中的数据也存在一定的质量问题。大数据的质量问题也属于大数据的缺点之一，因为数据质量问题直接影响数据分析的结果。

4. 复杂（Complexity）

大量数据来源于多种渠道，必然更为复杂，也容易出现各种问题，所以对大数据的审核与甄别就尤为重要。

5. 变化（Variability）

人类生活中会产生大量的数据，而这些数据随着时间的推移可能会发生极为显著的变化，大数据的变化性属于大数据本身存在的缺点之一，所以在进行大数据处理的时候必须考虑多种外界因素的影响。

6. 速度（Velocity）

大数据技术是基于互联网技术的，网速有多快，大数据的收集、获取、处理、分析就有多快。

7. 种类（Variety）

这个不难理解，现在的大数据不仅是数字化的内容，还有大量的图形、图像、音频、视频，以及在统计分析中常常用到的定类数据、定序数据、定距数据与定比数据等，多种多样的数据。

总之，大数据不仅是一种技术，还是一种能力，一种能从海量而复杂的数据中，找到事物之间有意义的关联，挖掘事物存在的变化规律，最终能够准确预测事物发展趋势的能力，用一句通俗的话说，大数据的发展就是无限接近真实。

三、云计算

什么是云？是让人心旷神怡的蓝天白云，还是暴风雨来临之前的阴云密布？都不是，我们今天所说的"云"，其实就是我们身边无处不在的网络。之所以称之为"云"，是因为网络其实看不见摸不着，但却实实在在存在于生活中，而现实生活中的云，也是实实在在地存在于我们的生活之中，当云在天空中飘动的时候，它是一个实体，但当你走近它的时候，云其实只是如雾一般无影无形。

而"云计算"就是"网络计算"，指的是通过网络"云"将巨大的数据计算处理程序分解成无数个小程序，然后再通过多部服务器组成的系统进行处理和分析这些小程序得到结果并返回给用户[7]。

（一）云计算的内涵

前文提到了"云"，其实就是"网络"，而"云计算"可以理解为能够随时随地为人们提供所需资源的网络，而且这个网络资源是无限量的，只要我们按真实使用量支付一定费用就可以。通俗点说，"云"就像生活中的自来水厂、电厂、天然气厂一样，只要人们需要，随时可以接水、用电、用燃气，并且没有使用上限和下限，只要按照自己家的用水量、用电量和用气量向运营公司支付费用即可。再举一例，某人有很多贵重的东西，不想放在家里，于是把它们都放在一个特定的地方存着，可以随时提取，未经允许，任何人是不能碰的，那些贵重的东西就是相关文档、数据、软件、各类服务等，而这个特定的地方就是"云"。用户使用"云"的过程就是"云计算"，提供这个地方的服务就是"云服务"。云计算具有很强的扩展性和需要性，可以为用户提供一种全新的体验，云计算的核心就是将很多的计算机资源协调在一起，使用户通过网络就可以获取到无限的资源，同时获取的资源不受时间和空间的限制[8]。人们可以在任何时间、任何地点以及使用任何方式（计算机、手机、IPAD或其他各类电子设备移动终端）使用应用软件进行文档编辑、数据处理、数据分析、资料存储等工作。例如当某人要出差的时候，可以在办公室的电脑上把自己出差所需的相关资料上传到云端，然后在其需要的时候随时从云端下载到移动终端进行操作。这样就解决了无论到哪

都带着移动硬盘，更不用担心移动硬盘出现问题而导致数据丢失了。（图 4-6）

图 4-6   随时随地尽享"云计算"

1. 云的分类

"云"分为 4 种：私有云、公有云、混合云和行业云。

私有云就是属于个人私有的云，有的由用户自己开发，有的由云计算公司为用户单独开发。私有云提供的是个性化的服务，因此开发成本较高，必须具备一定的硬件和软件基础，但正因为属于单独的操作，所以安全系数非常高。

公有云和私有云恰恰相反，是所有人都能用的云。这种云有免费的，也有一些是收费的，但收费一般都比较低。例如阿里云、百度云、天翼云、亚马孙云、谷歌云、微软云、金山云、华为云、腾讯云等都是公有云。公有云相对私有云来说应用起来更为方便，但安全系数也就随之降低了。

混合云则是融合公有云和私有云的优点并规避缺点，是未来云计算市场的发展趋势。特别是企业客户，他们既希望把企业的部分数据放在私有云上保持独立性和安全性，又希望能够借助公有云把大量企业的公开资源与所有网民共享，以更多地增加对企业的了解和关注。例如智慧医疗体系就是私有云与公有云并存的混合云，我们既可以通过公有云看到医院的各个科室并选择相应的医疗服务，同时又可以通过属于个人的账号访问位于私有云上的个人医疗记录。

行业云其实属于"云"的另一种分类，既可以归属于私有云，也可以归属于混合云。主要建立在多个公司之间，而这多个公司一般都是有着相似目标的公司，同时都属于一个特定的集团或特定的小组之内，他们共享一套硬件和软件的基础设施，成本及运行过程中产生的其他费用由他们共同承担，行业云里的所有成员都可以登录云中获取信息和使用应用程序。行业云的运作过程类似于一所高校的校园网，每位教师、每个学生都有自己独立的账号，他们既可以利用校园网访问自己的独立空间，也可以利用校园网使用 FTP 的共享资源。

2. 云的内容

2006 年 8 月 9 日，Google 首席执行官埃里克·施密特（Eric Schmidt）在搜索引擎大会（SESSanJose2006）上首次提出了"云计算"（Cloud Computing）的概念。这是云计算发展史上第一次正式地提出这一概念，有着重大的历史意义[7]。

云计算是通过网络以按需求、易扩展的方式来提供服务。而且服务的内容可以是与计算机相关、与软件相关、与互联网相关，也可以是其他方面的服务。如云阅读、云引擎、云闪付、云网站、云盘、云搜索、云通过、云服务、云站中国、移动云等。2017—2021 年中国云计算市场规模统计见图 4-7。

云计算不是一种全新的网络技术，而是一种全新的网络应用概念，云计算的核心概念就是以互联网为中心，在网站上提供快速且安全的云计算服务与数据存储，让每一个使用互联网的人都可以使用网络上的庞大计算资源与数据中心[9]。

图 4-7　2017—2021 年中国云计算市场规模统计

我国的云计算发展速度非常快，云计算的内容也是丰富多彩的。2009 年 1 月，阿里软件在江苏南京建立首个"电子商务云计算中心"；同年 11 月，中国移动云计算平台"大云"计划启动；2009 年上市的银江技术专注于为城市交通、数字医疗、智能建筑行业用户提供智能化技术、产品和应用服务；2011 年天迈科技公司放眼公共交通事业，为各地中小公交系统提供云平台服务，同时也为各地公交企业建设公交公司自己的私有云数据中心；2016 年海航科技则主攻金融、旅游、酒店等领域，相继推出金融云、风控云、客服云、酒店分销云、智住云和营销云等，总之，我国的云计算服务正从电商、政务、金融向制造、医疗、农业等各个领域延伸拓展，应用程度不断深化。

（二）云计算的特点

云计算的可贵之处在于高灵活性、可扩展性和高性价比等[10]，云计算可归纳为如下七大特色：超大规模、高虚拟化、高伸缩性、高通用性、高性价比、高可靠性、高服务性。

1. 超大规模

云计算与互联网、大数据息息相关，他们有多大规模，云计算就有多大规模。云计算同时也赋予用户超乎想象的计算能力。

2. 高性价比

在云计算世界里，用户不必购买昂贵、存储空间大的主机，只需选择相对廉价的 PC 组成云，或者利用现有的云，然后将资源放在一个虚拟资源库——云端进行统一管理，一方面减少了管理精力上的投入、经济上的支出，另一方面应用效果和计算性能却更好，真是性价比超高呀。

3. 高虚拟化

云计算突破了时间、空间的界限，支持用户在任何时间、任何地点、使用任何终端均能获取所需服务。

4. 高伸缩性

云计算之所以被称为"云"，就是因为它有云的特点：体积大，无法确定位置，且规模动态伸缩，边界模糊。云计算的规模也可以无限动态伸缩，以满足用户规模以及各类应用飞速增长的需要。

5. 高通用性

云计算并不针对特定的应用，在"云"的支撑下可以构造出千变万化的应用，而且即使是同一片"云"，也可以同时支撑不同的应用运行。

6. 高可靠性

首先，如果云计算的服务器出现故障，不会影响计算与应用的正常运行。这主要是因为云计算的单点服务器故障可以通过虚拟化技术将分布在不同物理服务器上面的应用进行恢复或利用动态扩展功能部署新的服务器进行计算[10]。其次，使用云计算比使用本地计算机更加可靠，本地计算机如果受到外来因素等不可抗拒力量影响可以出现崩溃或坏死，导致计算机内的数据丢失或无法恢复，但云计算提供的服务却能永葆青春，安全可靠，并可随时提取。

7. 高服务性

之前我们曾把云计算比作自来水公司、电力公司和燃气公司，因为它是一个庞大的资源池，用户可以根据自己的需要购买服务与应用，且无上限、下限要求。

四、区块链

《国务院关于印发"十三五"国家信息化规划的通知》国发〔2016〕73 号中提到：超前布局前沿技术、颠覆性技术。加强量子通信、……无人驾驶交通工具、区块链、基因编辑等新技术基础研发和前沿布局，构筑新赛场先发主导优势[11]。

2016 年 10 月 18 日，由工业和信息化部信息化和软件服务业司以及国标委指导下，中国区块链技术和产业发展论坛编写的《中国区块链技术和应用发展白皮书（2016）》正式亮相，区块链技术终于迎来了第一个官方指导文件。

（一）区块链的内涵

1. 区块链的定义

区块链起源于比特币，日裔美国人中本聪在 2009 年所创立了比特币社会网络中开发出第一个区块，即"创世区块"。后来又出现第二块、第三块，最终将这一块又一块的区块按照各自产生的时间顺序连接成链条，就形成了区块链。

区块链中的每一个区块都保存了一定的信息，而整条区块链则被保存在所有的服务器中，这样的话只要整个系统中有一台服务器可以工作，整条区块链就是安全的。我们能够看到区块链系统中有很多节点，每个节点就是一个服务器，它们为整个区块链系统提供存储空间和计算能力支持。这里需要强调一点：如果有人想要修改区块链中的信息，光凭他自己的力量是无法实现的，必须征得半数以上节点的同意，并且修改所有节点中的信息。这看起来，像是在开表决会，表决的结果必须是参会三分之二以上的人同意方可生效，而参会的人各不相同，谁也不能左右谁。区块链中的节点和参会的人一样，都是不同的主体，因此想修改区块链中的信息是一件极其困难的事。

2. 怎么理解区块链技术？

要想理解区块链技术，先要明白什么是中心化，什么是去中心化。我们先来给大家讲一个小故事：

从前有个小山村，村里出现了有人借钱不还的赖账问题，于是村民们想出了一个办法，找到村里德高望重的村主任老王，所有人的钱都放在他那里，并为他准备一个大账本，每个村民的每笔交易都要通过村主任进行，同时要在这个账本里做好记录。这样，每个村民的交易（谁现在还有多少钱？谁向谁借钱了？借了多少？等等）在村主任那里都能查得一清二楚，就不会出现有人赖账的情况了，这就是"中心化"的意思。所有信息都集中在一点，有任何问题在这一点都能查清楚。

后来，有人发现村主任老王拿着村民的钱去外面搞投资、谋私利，而且对村民的交易和记账也开始或多或少地收手续费，而且每次去村主任那里进行交易的时候村主任还问东问西。于是大家开始担心：万一有小偷把村主任手里的账本偷走了怎么办？万一村主任投资失败，把大家的钱都输光了怎么办？万一村主任哪天喝多了，把大家的钱财交易秘密说出去怎么办？这些都是中心化存在的问题。

于是，大家又想出一个办法，那就是给每家每户都配备一个账本，和在村主任那里的账本同步，每家每户在进行交易的同时必须通过村里的广播告诉村里的所有人，让所有人都在账本上记账，这就是去中心化。这回即使村主任的账本丢了也不用担心，因为每家每户都有备份，哪怕只剩下一本账本，每个村民的钱也都是安全的。

这就好比 A 向 B 借钱，如果 B 只是找一个他认为可靠的 C 来证明 A 向他借了钱，那么一旦 C 出现问题，这件事就不好解决了，因为 C 是这件事的唯一中心。但如果 B 找所有的人来证明 A 向他借了钱，那么 B 就无法赖账，因为没有唯一中心了，这就是区块链技术。

所谓区块链技术，其实就是去中心化技术，信息不可篡改，公开透明，集体维护。

（二）区块链的特征

综上所述，不难分析出区块链的五大特征：去中心化，透明化，全球化，匿名化，安全化。

1. 去中心化

去中心化是区块链中最突出、最本质的特征。区块链技术没有中心管制，它不依赖任何额外的第三方管理机构或硬件设施，而是自成一体。通过分布式的核算和存储，保证区块链中各个节点对所保存信息的自我验证、自我传递和自我管理，实现完全相对独立的运作[12]。在前面的小故事当中，去中心化的意思就是把账本放到每个人的手中，而不是集中在村主任一个人的手里。

2. 透明化

区块链中的数据虽然存在于每个节点当中，而每个节点又是相对独立的主体，但这些数据是对所有人开放的。任何人在任何地点、任何时间、通过任何终端想要查询存在于区块链中的数据或开发相关应用，都可以通过公开的接口来操作，整个区块链系统的信息都高度透明。在前面的小故事当中，每笔交易村民都要通过广播通知全村所有人，就是为了实现信息的透明化。

3. 全球化

随着区块链技术的发展，区块链中的节点逐渐遍布全球，区块链技术即将实现全球化和规模化。在前面的小故事当中，全球化的意思就是让全体村民都参与记账，这仅仅是集体参与，将来的发展趋势必将是由线下的个别参与发展为线上的全球参与。

4. 匿名化

从技术上讲，存在于区块链各个节点中的数据虽然是可以完全公开透明的，但每个节点本身的身份信息是不需要公开或必须经过验证的，而且节点与节点之间的信息传递也是允许匿名进行的。在前面的小故事当中，匿名化可以理解为个别村民可以给自己的账本加密，这样既可以保证信息的完整性，也可以防止自己账本丢失而造成不必要的麻烦，当然这个加密是自愿的，只要没有相关法律法规约束，村民是可以自由选择的。

5. 安全化

安全化非常好理解，就是前面我们在讲"什么是区块链"时提到的会议表决情况，区块链中的所有信息篡改都是必须在征得半数以上节点同意的情况下才能进行的，也就是说只要没有掌控全部数据节点的51%，就不能肆意操控修改网络数据。这看起来是不是更像一场股东大会？只有手中控股超过50%的大股东才有权做出决策。可能有人觉得这样的区块链限制级别太高了，其实正是因为这51%权限，才使得区块链本身变得相对安全，才真正避免了区域链中人为因素的影响。

第三节　信息技术创新案例

信息技术的发展日新月异，正在以人们无法想象的速度改变着人类的生产生活，同时也推动着各产业、各环节发生着深刻的变革。信息技术创新案例也是层出不穷：已经逐步进入千家万户的超高清视频；带人们走入梦幻世界的虚拟现实；动动手指就能指挥千军万马的智能家居；光速般感受的5G技术；有你想象不到的各种物质联网；更有能与心灵对话的人工智能……

目前，有发展迅速但又备受争议的信息技术创新案例：虚拟现实与人工智能。

一、虚拟现实

提到虚拟现实，你最先想到的是什么？是不是那个大大的VR眼镜？还是那个让你有一种登上太空成为宇航员感觉的头盔？其实这些只是虚拟现实世界中的一粒尘埃，真正的虚拟现实远比你想象中的更神奇。

（一）什么是虚拟现实

虚拟现实技术（Virtual Reality，缩写为VR），又称虚拟实境或灵境技术，它的中心技术是计算机技术，综合利用了三维图形技术、模拟技术、仿真技术、传感技术、显示技术、伺服技术等多种高科技的最新成果，产生一种逼真的三维视觉、触觉、嗅觉等感觉世界，从而使人产生一种沉浸于虚拟环境的感觉，并产生与真实世界相同的反馈信息，获得与真实世界一样的感受[13]。

从字面意思上看，虚拟现实包括两个方面的内容："虚拟"与"现实"。现实就是我们生活的实实在在的真实世界。而虚拟就是虚幻与模拟的结合，是一种并不存在的模拟世界，而这个模拟世界是通过一种计算机仿真系统来建立和实现的。现在请闭上眼睛跟我来，我把你带到一个四壁空空的房间里，让我们利用计算机技术在地面投射出现实世界青青草原的动态影像；在顶棚投射出现实世界中蓝天白云的动态影像；在你前后左右的墙上投射出远远的正在吃草的牛羊；在空气中释放出类似于泥土和青草的芳香；再利用相关设备从你的四周吹出一阵阵的微风。现在请你睁开眼睛，你是不是感觉自己来到了真正的大草原？风正在轻抚你的脸颊，空中的白云朵朵地飘动，远处的牛羊正在静静地吃草，还有那阵阵的花香……但其实这一切都是假的，都是虚幻的，都是用计算机仿真技术等创建的，你之所以感到真实存在，是因为在这个技术过程中所用到的所有数据都来自于真实生活中的数据，这个世界里的一切都不是我们真正直接看到、直接感受到的，而是通过计算机技术模拟出来的现实中的世界，所以就被称为虚拟现实。

现在的虚拟现实技术已经不仅仅是在人们面前展示出一个真实的世界，而是具有一切人类所拥有的感知功能，比如听觉、视觉、触觉、味觉、嗅觉等感知系统；最后，它具有超强的仿真系统，真正实现了人机交互，使人在操作过程中，可以随意操作并且得到环境最真实的反馈[14]。

（二）虚拟现实的发展历程

虚拟现实看起来很高级，看过它的发展历程就会发现，其实虚拟现实一直都在人们身边，不过早期的技术都是相对古老和传统的技术，所产生的效果也不如现在这般真实。

1. 立体镜

1838 年英国著名的物理学家查尔斯·惠斯通爵士（Charles Wheatstone），首次发现并确定立体图原理，从而创造了立体镜。这项技术可以称得上是虚拟现实的雏形——将两张略微不同的照片利用光学原理将一个二维平面的物体从纸面中站立起来，成为一个三维立体的虚拟实体（图 4-8）。

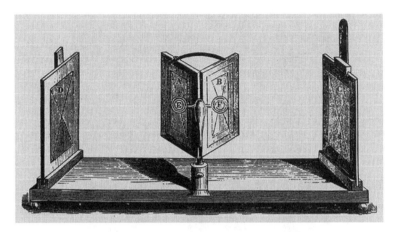

图 4-8 虚拟现实技术的雏形——立体镜

2. 飞行模拟器

1929 年，美国飞行模拟器设计先驱——埃德温·林克发明了世界上最早的飞行模拟器（图 4-9）。这台模拟器将真实飞机的机身复制品与控件和飞机马达相结合，模拟出俯仰、滚转与偏航等飞行动作，用以对空军的模拟训练。

图 4-9 林克飞行模拟器

3. VR 原型机

1956 年，电影摄影师 Morton Heiling 发明了名为 Sensorama 的仿真模拟器（图 4-10）。这台仿真模拟器体积巨大，它拥有 3D 显示、3D 立体声、振动座椅、模拟风吹的风扇，甚至还有气味生成器，用户坐在椅子上将头探进设备内部，通过三面显示屏来实现空间感。

图 4-10　VR 原型机—Sensorama

4. 头戴式虚拟现实设备

1968 年，被誉为虚拟现实之父的美国计算机科学家伊凡·苏泽兰设计了第一款头戴式虚拟现实设备—Sutherland（图 4-11）。实现了当使用 Sutherland 的用户转动头部时，计算机会实时计算出新的图形并显示出来。

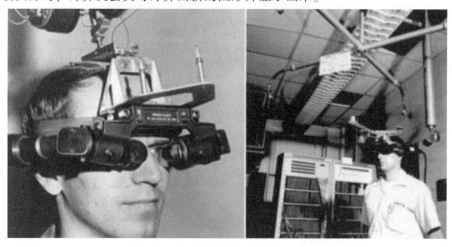

图 4-11　头戴式虚拟现实设备—Sutherland

5. 商业化 VR 产品 eyephone

1989 年，VPL 公司推出了一套商业化的虚拟现实产品—eyephone，以及数据手套（Data Glove）（图 4-12），从而真正实现了人与虚拟环境的交互。

图 4-12　商业化 VR 产品 eyephone

6. 立体街景

这里要单独提一下谷歌于 2010 年推出的立体 3D 街景（图 4-13），它是目前最接近我们生活且应用相当广泛的虚拟现实技术，并且最关键的问题是它不需要任何设备，而且还非常实用。

图 4-13　谷歌 3D 立体街景地图

自此，虚拟现实世界的大门真正向全世界打开，VR 技术的发展浪潮喷涌而来。

（三）虚拟现实的特征

虚拟现实技术的特征非常明显，一般可细分为四大类：沉浸性、交互性、构想性和多感知性[15]。

1. 沉浸性

沉浸性是虚拟现实技术最主要的特征，又可称为临场感，指用户作为主角处在计算机营造的虚拟环境中所体验的真实程度。最理想的沉浸性效果就是能让主角全身心地投入到由计算机所创建的与真实世界一般无二的三维虚拟环境中，分不清哪里是虚拟，哪里是现实。

2. 交互性

交互性是指用户对虚拟环境中物体的可操控程度以及虚拟环境所给出反馈的自然程度。例如：当用户在虚拟环境中用手接住一滴水的时候，能够真实感受到水滴滴落手中的下坠感以及水滴所蕴含的湿润感，而且从视觉角度也能看到水滴落在手中。

3. 构想性

构想性是让用户在虚拟环境中发挥自身的创意和想象，可以与虚拟世界里的事物进行互动。不仅可以构想出现实中存在的世界，也可以凭想象构想出现实生活中不存在的世界或事物的效果。

4. 多感知性

多感知性指的是虚拟现实技术不仅可以实现视觉感知，还可以实现听觉感知、力觉感知、嗅觉感知、味觉感知、触觉感知、运动感知等一切人们在真实世界里存在的所有感知。

（四）虚拟现实的未来趋势

继虚拟现实出现之后，随着技术的进一步发展，又出现了增强现实与混合现实，它们都是在虚拟现实的基础上增加了更多的沉浸式效果，并且与真实世界的结合更为紧密。

1. 增强现实

增强现实（Augmented Reality，简称 AR），也被称为扩增现实。增强现实从技术层面上讲可以说是虚拟现实技术的升级，通俗点说虚拟现实是实现用户在虚拟世界里体现真实世界的感觉，而增强现实是能够通过技术手段将虚拟现实里的内容与用户所在的真实世界相重叠，使虚拟与现实在同一个空间或同一个画面中出现。由彼得·杰克逊（Peter Jackson）执导的《指环王》系列电影就用到了 AR 技术，特别是那个"咕噜"，在剧中的形象是一个虚拟的 3D 形象，由安迪·瑟金斯捕捉表演，最终再利用 AR 技术与主人公弗拉多·巴金斯进行面对面的互动。

虚拟现实与增强现实的区别如图 4-14 所示：

图 4-14　虚拟现实与增强现实对比图

由此可见，虚拟现实体现的是用户与虚拟场景的互动，而增强现实则是虚拟场景与真实场景的结合。

2. 混合现实

混合现实（Mixed Reality，简称 MR），是虚拟现实技术的更进一步发展。混合现实技术通过将虚拟环境与现实场景相结合，在虚拟世界、现实世界和用户之间构建一个可以进行实时交互反馈的信息回路，从而最大限度地增强用户体验的真实感。MR 技术结合了 VR 与 AR 的优势，并能够更好地将 AR 技术体现出来。如果说 AR 只是将虚拟世界与真实世界相叠加，让你在视觉上感觉虚拟世界的物体出现在真实世界中，而 MR 则是把虚拟世界与真实世界彻底打通，你会发现虚拟世界里的物体真的来到了你的身边，出现在你所在的真实世界里。

我们通过任天堂公司的"爆款"游戏《精灵宝可梦 Go》来正确理解 VR、AR 与 MR 的区别（如图 4-15）：

图 4-15 精灵宝游戏

VR：精灵宝看起来是立体的，感觉就像是真实存在的。

AR：当用户用手机扫描身边的箱子，就会发现精灵宝站在箱子上。

MR：用户通过手机扫描身边的箱子，会发现精灵宝不仅能站在箱子上，还能在箱子上爬来爬去，当用户伸出手的时候，它还会爬到用户的手上，而且能够让用户真实感觉到他爬到了手上。

混合现实目前在医疗方面应用比较成熟：2018 年 7 月 31 日，西安市红十字会医院为一名 15 岁的患者成功实施了全球首例"混合现实"技术指引下的脊柱畸形矫形手术。手术中，通过特殊的眼镜将患者的 3D 全息模型与真实病灶部位完全叠加，还可以对虚拟影像进行实时缩放、旋转和移动，医生就像是装上了

"透视眼"，手术的精准度和安全性得到了大幅提高[16]。

二、人工智能

智能是一种特殊的物质构造形式。就像文字既可以用徽墨写在宣纸上，也可以用凿子刻在石碑上，智能，不需要拘泥于载体[17]。人工智能是一项让人既向往又敬畏的技术。

1997 年 5 月 11 日，号称人类最聪明的人——国际象棋冠军卡斯帕罗夫，与一台名叫"深蓝"的 IBM 超级计算机，大战 6 局，在前 5 局 2.5∶2.5 平局的情况下，第 6 盘决胜局中，仅仅走了 19 步就拱手称臣。2016 年 3 月 9 日，在韩国首尔四季酒店打响的著名的人机大战，拥有人工智能技术的机器人 AlphaGo 与世界围棋冠军李世石对局 186 手后，李世石投子认输。2017 年 5 月 27 日，在中国乌镇人类围棋最强者柯洁再度挑战 AlphaGo，最终仍被机器人打败。到了 2022 年 10 月 15 日，由一家中国公司制造的"元萝卜 SenseRobot" AI 下棋机器人接连挑战中国象棋特级大师、世界冠军谢靖和青少年象棋冠军顾博文，再次上演人工智能技术与顶尖头脑的智慧碰撞，结果人类再次以失败告终。

这就是人工智能的力量，令人无法想象、无法估量！

（一）人工智能的前世今生

人工智能（Artificial Intelligence，简称 AI），是研究、开发用于模拟、延伸和扩展人的智能的理论、方法、技术及应用系统的一门新兴的技术科学，换句话说，人工智能就是运用计算机实现目前必须借助人类智能才能实现的任务。

人工智能是一门极富挑战性的科学，从事这项工作的人必须懂得计算机知识、心理学和哲学。

1. 人工智能的前世

1950 年，"人工智能之父"艾伦·图灵发表一篇论文《电脑能思考吗?》，开启著名的图灵测试，并提出：如果一台机器能够与人类展开对话而不被其他人辨别出其机器身份，那么这台机器就具有了智能。

1954 年，美国人乔治·戴沃尔成功研制出名为"尤尼梅特"的世界上第一台可编程机器人。

1956 年，一场主题为"用机器模拟人类智能"的研讨会在美国达特茅斯学院举行，研讨会上约翰·麦卡锡提议用"人工智能"这个词作为这一交叉学科的名称。于是，这次研讨会就成为人类历史上第一次人工智能研讨会，同时也标志着人工智能学科的诞生。

接下来，人工智能就进入了它的黄金发展期：

1964—1966 年间，美国麻省理工学院人工智能实验室的德裔电脑科学家约瑟夫·魏岑鲍姆打造出史上第一个聊天机器人"Eliza"，通过心理学让与之对话的人认为他也是一个真正的人。

1966—1972 年间，美国斯坦福国际研究所研制了首台采用人工智能学的移动机器人 Shakey。

1981 年，日本经济产业省斥资 8.5 亿美元用以研发人工智能计算机，从此带动各国开始向信息技术领域的研究提供大量资金。

1983 年，美国发明家查尔斯·赫尔发明了 SLA 3D 打印技术，将它称作立体平版印刷，并于 1986 年制造出人类历史上首个 3D 打印机。

2. 人工智能的今生

人工智能的今生，也就是它真正的发展，真正的春天是从 21 世纪 90 年代世界上第一次人机大战开始的，也就是从"深蓝"成功战胜国际象棋冠军卡斯帕罗夫那一刻开始的，人类才真正意识到"人工智能"的可怕力量以及它不可估量的未来。

2011 年，由 IBM 公司开发的人工智能程序 Watson（沃森）在美国智力竞猜电视节目《危险边缘》中使用自然语言回答各种刁钻问题，最终成功击败该节目历史上两位最强选手肯·詹宁斯和布拉德·鲁特，成为《危险边缘》节目新的王者并赢得了 100 万美元的奖金。

2012 年，加拿大神经学家团队创造了一个名为 Spaun 的虚拟大脑，该虚拟大脑具备简单认知能力、有 250 万个模拟"神经元"，它能够通过一个类似摄像镜头的仪器来进行观察，同时可以指挥自己的机械臂进行书写等动作，并通过了基本的智商测试。

2015 年，受到各类科幻片中机器人统治世界等影响，剑桥大学建立人工智能研究所，研究人工智能在发展过程中带给人类的机遇与挑战，并旨在影响人工智能在道德伦理方面的发展。

2016—2019 年间，人类的各种智能赛事冠军纷纷向人工智能展开挑战，最终无一例外全以失败告终，不得不慢慢认同一个无奈的结论：AI 本该比人类强大。

2018 年 11 月，搜狗与新华社合作开发了全球首个 AI 合成女主播"新小浩"，并在新华社客户端上持续服务 500 多天，先后播出 13000 多条新闻报道，累计时长超过 35000min。

2019 年 8 月，世界上第一台无人驾驶的自行车荣登在学术界享有盛誉的国际综合性科学周刊 Nature 封面，而这台能听懂指令并能够自主而敏捷绕过障碍物的自行车，有着一个无与伦比的大脑，它就是我国清华研发的类脑芯片"天机"。

（二）人工智能的未来发展

人工智能的发展前景是有目共睹的，2017 年国务院印发了《新一代人工智能发展规划》，明确指出人工智能是引领未来的战略性技术，人工智能将成为经济发展的新引擎，带来社会建设的新机遇。到 2030 年人工智能理论、技术与应用总体达到世界领先水平，成为世界主要人工智能创新中心，智能经济、智能社会取得明显成效，为跻身创新型国家前列和经济强国奠定重要基础[18]。

目前，人工智能已经被广泛应用到金融、家居、安防、制造、医疗、交通、物流、零售和教育等多个领域。特别是我们现在常常提到的智能制造、智慧城市、智慧家居、智慧交通等，都是人工智能的杰作。

其实，人工智能一直都在人们的身边，你的家里是不是有一台可以自主扫地的机器人？他用到了人工智能；你的家里是不还有一台可以和你对话的"小爱音箱"？他也用到了人工智能；你出去旅游看到不认识的花花草草，是不是通过手机扫描就能识别出是什么植物？这项技术里有人工智能的影子；当你看到别人穿的一件衣服特别好看，只需拍张照片就能在网上商城里找到同款，这也是人工智能的功劳；还有你微信里的语言与文字之间的转换，生活中的各种刷脸识别，等等，都是人工智能起着决定性的作用，人工智能已经进入人们的生活，包括我们前面提到的大数据、云计算、虚拟现实等技术，也是能够找到人工智能影子的。换句话说，人们的生活已经渐渐离不开人工智能，面对这种情况，人类到底该喜还是忧？

AI 之所以能在比赛中战胜人类，是因为他拥有一个比人类运算速度高得多的电脑，研究表明人工智能机器的运算速度高达 10^{40}/s，是人脑运算速度的 10^{24} 倍。而且最关键的是，有的 AI 能够在人类无法察觉的时间差内玩那么一点点小猫腻，他能在比赛中找到击败人类最佳方案的同时，也能发现他所参与比赛的漏洞。例如在谷歌和斯坦福 2017 年的一项研究中，智能图像转换 CycleGAN，为了完成图像转换的任务，在训练过程中通过人类无法察觉的某种"隐写术"，骗过了他的创造者，给自己留下了隐秘的"小抄"，然后顺利完成了任务。再如美国人工智能研究公司 OpenAI 在 2018 年举办了首届强化学习竞赛 Retro Contest，有一个人工智能竟然利用游戏中 Bug 更加快速地完成了任务。

对于人工智能，笔者认为人们现在最担心的问题就是"他会不会产生真正的智能，从而脱离人类的控制"。基于这种担心，笔者认为还是应该大力扶持与发展人工智能，但是在发展过程中必须加以控制，无论道德伦理还是法律法规，对其都应采取相应的制约。就像当年风靡一时的"克隆"技术，虽然这项技术是人类在生物科学领域取得的一项重大技术突破，但在真正的应用过程中还是应该慎之又慎，毕竟关系到人类的整体命运。

第四节　本章小结

信息技术必须要走创新之路，只有创新才能发展。

人们之所以称现在的时代为信息时代，是因为信息量的爆炸式提升，也是信息技术的突破式发展，而这些事情的发生都是因为有了能把全球人们联系在一起的互联网，因此可以说互联网是信息技术最大的创新。

互联网的前身是用于军方目地的阿帕网，虽然他是强国之间竞争的产物，但因为它的诞生，成就了一大批互联网的财富神话，也使人类的世界由多个独立的个体成为一个真正的整体，让遥远的世界不再有距离。

如果说互联网技术开启了信息技术的创新之门，那么接下来充斥整个网络世界的大数据就成了创新发展的源泉。阿里巴巴创办人马云在一次演讲中提到，未来的时代将不是 IT 时代，而是 DT 的时代，所谓 DT 就是 Data Technology 数据科技，从而显示出大数据对于阿里巴巴集团的举足轻重。

大数据为人类的生存提供更优化的系统帮助；为人类的活动提供强有力的智力支持；为人们的生活提供个性化的服务帮助；为企业的运营提供更有效的数据信息；为企业的创新提供更先进的资源技术；也为城市的建设提供更智慧的管理技术。

习近平同志在中共中央政治局就实施国家大数据战略进行第二次集体学习时指出，目前大数据的发展日新月异，我们现在最应该做的就是审时度势、精心谋划、超前布局、力争主动，切实深入了解大数据发展的现状和趋势及其对经济社会发展的影响，分析我国大数据发展取得的成绩和存在的问题，推动实施国家大数据战略，加快完善数字基础设施，推进数据资源整合和开放共享，保障数据安全，加快建设数字中国，更好服务我国经济社会发展和人民生活改善[19]。

工业和信息化部坚决落实党中央、国务院决策部署，先后发布了《云计算发展三年行动计划》《推动企业上云实施指南》等系列政策措施，聚力攻关核心关键技术，鼓励企业加快上云用云的步伐。

国务院印发的《"十四五"数字经济发展规划的通知》提出：到 2025 年，数字经济迈向全面扩展期，数字技术与实体经济融合取得显著成效，数字经济治理体系更加完善，我国数字经济竞争力和影响力稳步提升。数字经济长足稳健发展，要从数字经济运行的秩序基础建设着手。想要高效、稳定且可迭代地搭建起数字世界的底层秩序基础，区块链技术将是很好的解决方案，并且它将成为构建数字世界急需的"新基建"[20]。

本章还向大家介绍了两项备受全球重视且发展迅猛的信息技术创新应用案例：虚拟现实与人工智能。

虚拟现实技术，又称虚拟实境或灵境技术，它的中心技术是计算机技术等多项技术产生一种逼真的三维视觉、触觉、嗅觉等感觉世界，从而使人产生一种沉浸于虚拟环境的感觉，并获得与真实世界一样的感受。虚拟现实技术也在持续发展，目前已提升到更为先进的增强现实与混合现实，同时该项技术已整合到各行各业，深入人们的日常生活之中。

人工智能作为一项技术在与互联网相关的几乎所有行业中正在逐步加深，不断推动着全球数字化经济生态链的构建与发展，同时人工智能作为一门学科也在全球各个层次的教育中逐渐形成一定的规模和发展趋势。人脑与电脑之间仍然存在一个巨大且很难逾越的鸿沟，所有通用的人工智能项目看起来仍然像是一个科幻故事。

科学的发展道路总是充满荆棘、曲折不平的，我们能做的是要保持不懈的努力、不停的研究、不断的探索，虽然任何人都无法预测信息技术的发展是否能达到既定的目标，虚拟现实和人工智能与人类的命运到底是相融还是相悖，但我们一定要坚信，在努力奋斗的途中终归会有收获。

参考文献

［1］习近平. 高举中国特色社会主义伟大旗帜为全面建设社会主义现代化国家而团结奋斗——在中国共产党第二十次全国代表大会上的报告［R］. 新华社，北京 2022 年 10 月 25 日电.

［2］中央电视台财经频道. 互联网时代. 2014-08-25.

［3］蒂姆·伯纳斯-李. 编织万维网万维网之父谈万维网的原初设计与最终命运［M］. 上海：上海译文出版社，1999.

［4］央视网. 中国互联网 20 年那些人——中国互联网之父：钱天白［OL］. 2014-04-20.

［5］济南市大数据局. 什么是大数据？［EB/OL］国脉电子政务网，2021-08-13.

［6］大数据时代要有大数据思维［EB/OL］. 中国大数据，2015-11-03.

［7］许子明，等. 云计算的发展历史及其应用［J］. 信息记录材料，2018，19（8）：66-67.

［8］赵斌. 云计算安全风险与安全技术研究［J］. 电脑知识与技术，2019，15（2）：27-28

［9］罗晓慧. 浅谈云计算的发［J］. 电子世界，2019，（8）：104

［10］李文军. 计算机云计算及其实现技术分析［J］. 军民两用技术与产品，2018，（22）：57-58

［11］国务院. "十三五"国家信息化规划　国发〔2016〕73 号. 2016-12-27.

［12］姚忠将，葛敬国. 关于区块链原理及应用的综述［J］. 科研信息化技术与应用，2017，8（2）：3-17.

［13］胡小强，虚拟现实技术及其在教育中的应用［J］. 江西科技师范学院学报，2004（04）：92-94.

［14］石宇航. 浅谈虚拟现实的发展现状及应用［J］. 中文信息，2019，（1）：20.

［15］笪旻昊. 虚拟现实技术的应用研究［J］. 电脑迷，2019，（1）：53.

［16］单乐群. 全球首例混合现实引导下脊柱畸形矫正手术在西安红会医院完成［EB/OL］. 中央广电总台国际在线，2018-08-21.

［17］ 王永庆. 人工智能原理与方法［M］. 西安：西安交通大学出版社，1998.

［18］ 国务院. 新一代人工智能发展规划，国发〔2017〕35 号，2017.07.20

［19］ 习近平. 习近平同志在中共中央政治局第二次集体学习中的讲话［R］. 新华社，北京 12 月 9 日电

［20］ 国务院. "十四五"数字经济发展规划的通知　国发〔2021〕29 号. 2022-01-12.

第五章　信息技术与实践应用

第一节　引言

信息素养是一种信息能力，信息技术是它的一种工具；

掌握信息就相当于把握了时代脉搏，信息技术就是获取信息的手段；

提高信息技术能力，就是立足信息时代的保证！

2022 年 10 月 16 日，习近平总书记在中国共产党第二十次全国代表大会报告中指出了：到 2035 年我国发展的总体目标是基本实现新型工业化、信息化；健全共建共治共享的社会治理制度，完善信息化支撑的基层治理平台；坚持机械化信息化智能化融合发展，研究掌握信息化智能化战争特点规律，创新军事战略指导[1] ……这多处提到的"信息化"给了全国人民一个启示：信息化建设已经迫在眉睫，信息技术也正在逐渐成为人们生存与发展的必备能力。

早在 2018 年 1 月，国务院就发布了《关于全面深化新时代教师队伍建设改革的意见》，并要求"教师要主动适应信息化、人工智能等的新技术变革"[2]；2021 年 3 月，国家发布了《中华人民共和国国民经济和社会发展第十四个五年规划和 2035 年远景目标纲要》，提出加快数字化发展，建设数字中国[3]；2021 年 7 月又发布了《教育部等六部门关于推进教育新型基础设施建设构建高质量教育支撑体系的指导意见》，依然强调要通过教育新基建、发挥数据作为新型生产要素的作用，推动教育的数字化转型[4]。2022 年 4 月，教育部等八部门又在《新时代基础教育强师计划》中提出，要探索人工智能助推教师管理优化、教师教育改革、教育教学方法创新、教育精准帮扶的新路径和新模式，进一步挖掘和发挥教师在人工智能与教育融合中的作用[5]。面对全国上下齐心协力的数字化转型战略，作为教育核心的教师队伍建设更是不容忽视，特别是教师自身的信息化能力发展必将驶入教师培养的快车道。

第二节　信息技术与资源建设

信息技术中最基础的能力就是获取信息、处理信息的能力，我们也可以称之为获取资源的能力。所谓资源，就是一切能够被人类开发和利用的事物，包括物质、能量和信息。无论有形还是无形，它无处不在，广泛存在于整个自然界和整个人类社会及其发展过程中。

一、网络信息资源的获取

网络信息资源又称网络资源，指网络中蕴藏着的可以利用的各种信息资源的总和，它主要是以数字化形式记录的，可以实现随意的信息传送、接收、共享、组织和存储，并主要以多媒体形式进行表达，可以将教学信息以声音、文本、图形、图像、动画等多种形式生动地呈现出来。随着云计算的发展，网络已经成为人们获取各类资源的最主要来源，再想一想那句网红语"众里寻他千百度，不如回家找小度"，说的就是人们现在查找自己所需资源的时候，更愿意选择的方式是利用互联网，利用"百度"搜索引擎。其实人们之所以选择网络还因为它更为方便、快捷，特别是在这个高效率、快节奏的信息时代，时间就是金钱，效率就是生命。

1. 网络信息资源的分类

网络信息资源囊括了几乎所有的资源，所以它的分类也是相当复杂的，但无论哪种分类，都具有一定的代表性。下面对教育类网络信息资源进行一个简单的再分类：

◆按资源的开放级别分类

教育类网络信息资源同其他网络信息资源一样，有些是可以对外公开的，而有些则是仅供内容使用。所以按其开放级别可分为开放型、半开放型和内部型。

开放型一般指教育类门户网站中允许用户访问、观看以及下载的资源，包括新闻类信息、政策性文件、其他允许自由一载的资源等（图5-1）。这类资源一般可以通过百度等搜索引擎找到并轻松下载，如高校的招生信息网、院系宣传主页以及对外交流信息等。目前比较流行的开放型网络信息资源还包括开放教育以及国内各大MOOC资源平台，如中国大学MOOC、爱课程、学堂在线等，在这些教育网站中大部分课程资源都是允许用户随时随地收看并下载的。

图 5-1　开放型网络信息资源——招生信息

　　半开放型一般指用户可以利用搜索引擎等渠道查找到相关资源，但资源的内容并不完整，需要通过注册会员或其他收费方式才能完整地查看、下载、处理与运用。例如中国知网中的学术资源虽然有一部分是完全开放的，但大部分都属于半开放类型，只有与中国知网开展合作或注册会员才能下载使用（图5-2）；还有百度文库、QQ 音乐、喜马拉雅等平台，用户选择的很多资源有的不够完整，有的则是不允许复制或编辑，只有购买了相关会员才能够享受专门的服务。

图 5-2　半开放型网络信息资源——知网会员

　　而内部型网络信息资源指的是完全在指定范围内才可以自由获取和处理，这类资源通过搜索引擎也很难找到。如高校内部的 FTP 资源、高校的 SPOC 教育平台、校园网内的几乎所有资源。这类资源大部分也是需要有一个注册账号，但内部型网络信息资源与半开放型网络信息资源的一个最大区别在于是否收费，因为内部型的网络信息资源一般都是传递于一个单位或一个行业内部，内部人员可以通过指定 IP 地址就能免费获得所需资源，离开了指定的环境，即使花再多的钱也无法进入相关地点，这也保证了内部资源的安全。例如某省研究生导师队伍管理平台，必须在经过某省教育厅备案的 IP 范围之内才能访问该平台。

　　◆按资源的内容种类分类

　　目前常用的教育类网络信息资源主要包括虚拟软件库、虚拟图书馆、虚拟仿真系统、教育网站、数据库、电子书籍、电子期刊、电子百科、电子论坛、媒体素材、教学案例、网络课程、认知工具、教育游戏等多种类型。

　　2. 网络信息资源的检索

　　要想获取并处理网络信息资源，首先要能利用互联网找到自己所需的资源，也就是资源的检索。对于资源的检索目前常用的方法有 4 种：搜索引擎法、权威网站法、专业导航法和全文检索法。

　　◆搜索引擎法

　　一提到检索，我们第一时间想到的就是搜索引擎，没错，搜索引擎是目前应用最为广泛的检索工具，同时也是最为方便的检索工具。但是，你真的会使用搜索引擎，真的会高效率地检索自己所需资源吗？搜索引擎检索又可细分为目录搜索引擎、全文搜索引擎和元搜索引擎[5]，目录搜索和元搜索在网络洪流中已逐渐被淘汰。而全文搜索是获取网络信息资源最常用的方式，常用的全文搜索引擎有百度、Google、360搜索引擎等，也叫关键词检索（图5-3）。

图5-3　搜索引擎法——常见的全文搜索引擎

全文搜索不是随意地输入文字或图片进行搜索，在搜索的过程中也需要一定的技巧，这样才能在最快的时间找到最佳的答案。（图5-4）

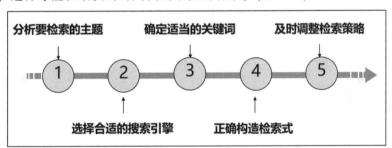

图5-4　搜索引擎法——全文搜索的技巧

这里最关键的是"关键词"，"关键词"的范围不是越大越好，也是不是越精细就越准确，要根据自己所需资源适当调整范围，一般可以使用通配符"＊"扩大范围；使用双引号""或（）缩小范围；使用逻辑"与""＋"或"－"调整范围；也可以使用相对专业的布尔逻辑检索符（AND、OR、NOT）以及"＆、｜、空格"等，这里需要强调的一点是，搜索引擎中所使用的符号必须都是半角状态，否则系统将不予认定。

◆权威网站法

权威网站法一般是指用户基本确定自己所需资源的大范围后，为了找到相对全面及权威性非常高的资源而访问的特殊网站。例如想了解教育部的最新政策，最权威的检索地点就是教育部网站（http：//www.moe.gov.cn）（图5-5），想了解教师资格证报考条件、时间并查询考试等相关信息，最佳也是最准确的检索地点就是中国教育考试网（https：//ntce. neea. edu. cn/）（图 5-6）。这里要强调一点，目前网络的安全隐患相当大，我们在访问某些网站的时候一定不要只关注你所看到的界面，一定要辨别清楚自己所打开网页的网址是不是官方网站，以免上当受骗，造成不必要的麻烦。

图 5-5　权威网站法——中华人民共和国教育部

图 5-6　权威网站法——中国教育考试网

◆专业导航法

如果我们想要检索的资源专业性特别强，那么最好的办法就是采取专业导航法。所谓"隔行如隔山"，普通的搜索引擎虽然也能检索到我们需要的内容，但相对来说范围过于泛泛，很多资源可能都是非专业领域人士的自由言论，也就谈不上有什么说服力了。例如让你尽享阅读乐趣的图书宝藏专业网站中国国家图书馆（http：//www. nlc. cn）（图 5-7）。

图5-7 专业导航法——中国国家图书馆

◆全文检索法

全文检索法也称全文数据库检索，主要是指收录有原始文献全文的数据库，通过限制检索条件可实现各类专业原始文献的精确查找。目前各个教育机构比较认可的全文数据库检索有3个：中国知网、维普网和万方数据。

中国知网：https：//www.cnki.net/（图5-8）

维普网：http：//www.cqvip.com/

万方数据：https：//www.wanfangdata.com.cn/

图5-8 全文数据库法——中国知网

二、图文类资源建设

资源种类繁多，获取的方法也不尽相同，而且很多资源还需要进一步加工处理，进行再建设的，图文类资源的建设方法如下。

（一）图文类资源的获取

图文类资源指的是文本类资源与图形图像类资源。文本类资源的获取方式相对比较简单，可以通过键盘输入、语音输入、手写识别输入、扫描仪+OCR识别输入等方式获取。图形图像类资源的获取方式主要是通过扫描仪从印刷品或照片中获取，利用 PC 机自带的截屏功能键 Print Screen 进行即时截屏，利用其他软件小工具进行自由截图（OFFICE、WPS、QQ、微信、Snaglt、HyperSnap 等），利用搜索引擎从互联网上获取资源（图 5-9），访问专业的图形图像资源网站（素材中国、呢图网等）。

图 5-9   利用搜索引擎获取图形图像资源

（二） 文本类资源的处理

文本类资源的处理主要用到的文本编辑软件，常用的是 OFFICE，WPS 等。这类文本编辑软件安装轻松，操作简单，广泛应用于现代办公当中，已成为现代人信息素养中的必备能力之一。这里给大家讲几个应用方面的小技巧：

◆ 所见即所得地改变字号

在文本编辑当中最常用的功能是改变文字的大小，文本编辑软件中有单独的一个选项可以调整所选文本的字号，但软件中默认的字号有时并不能满足我们的需求，一般最大中文字号是初号，英文字号是 72 或 96，如果你想在一张 A4 纸上满页只打印出一个大大的数字 1，那么它的字号至少需要 600。再有当我们利用 Office 软件中的 PowerPoint 制作一个会议背景的时候，会议的题目需要根据字数设定大小，我们可能没有时间一个字号一个字号地试哪个字号的文字大小合适，这时候，请先将文字选定，然后按住键盘上"Ctrl+Shift"这两个键，再用另一只手点击">"键，你会发现文字随着你的每一次点击正在一点点地变大，直到满足你的需要。同样的道理，如果我们想所见即所得地将文字缩小，那么就在按住键盘上"Ctrl+Shift"这两个键的同时，再用另一只手点击"<"键即可实现。

◆ 规划自己所需功能菜单

随着软件的不断升级，各项功能逐渐强大，菜单也是越来越复杂，但你有没有发现其实你常用的还是那几个菜单和功能？其实文本编辑软件自带一个"自定义功能区"的"自定义菜单",完全可以实现你对软件界面的自主定制。

首先打开 Word 选项菜单,找到"自定义功能区"(图 5-10),再点击"新建选项卡",然后将自己所需要的命令添加到新建的选项卡中即可(图 5-11)。

图 5-10　Word 选项中的自定义功能区

图 5-11　自定义功能区的自主添加

3. 图形图像资源处理

处理图形图像类资源所用到的软件主要是相对专业的软件,主要包括 Photoshop、Snapseed 等。当然如果只是对图形图像做剪裁、简单的特效等也可使用 OFFIC 和 WPS 等文本编辑软件。图形图像类资源的处理不是普遍要求,所以我们这里只做几个简单技巧的介绍,如果在这方面感兴趣的话,建议大家去查阅专业书籍或学习专门的软件。

◆随心所欲地截屏

前面我们提到 PC 机自带一个截屏功能键 Print Screen,只需点按这个功能键(一般位于键盘中部上端)就可以对屏幕进行全屏截取。但有时候我们只是想截取屏幕中的一部分内容,如何快速而准确地实现呢?

当我们将 Print Screen 功能键与 Alt 键同时按下的时候,就可以实现对当前活动窗口的截取;在 Win10 系统中,按下 Print Screen 功能键后系统便提示你可以按下 Shift+Win+S 3 个组合键,然后就可以利用鼠标框选出任意范围进行屏幕截取(这里也可以不用先按 Print Screen 功能键,直接利用那三个组合键也可)。

◆端正倾斜的图片

在学术会议中,拍摄演讲者的 PPT 时,由于自己所处位置不是最佳拍摄点,所以很多照片的内容都是倾斜的,再利用的时候就比较困难,这个时候则可以利用 PhotoshopCS4 以上版本或 Snapseed 等专业图片处理 App 进行调整(图 5-12)。

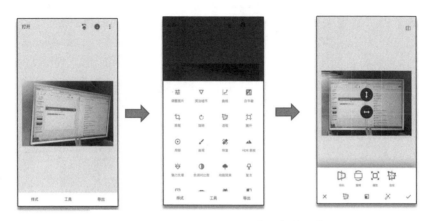

图 5-12　利用 Snapseed 调整倾斜的图像

◆轻松制作电子签名

虽然困扰我们 3 年的新冠疫情过去了，但并不表示我们就可以放松警惕，随心所欲，我们仍然要保持清醒，随时做好将工作、生活、学习转移到线上进行的准备。在过去的 3 年里，当我们涉及在各类文件上签字的时候，因为疫情你无法拿到纸制版材料，或者无法将自己的亲笔签字签到纸制版材料上，这时候，你就必须学会自己制作一个完美的电子签名。

首先，将自己的签名写在一张白纸上，用手机拍下来备用；

接着，在 Photoshop 软件中将自己的签名图片打开；

第三，按住 Ctrl+L 调出"色阶"调板，分别调整左右两端的白色和黑色小滑块（图 5-13）。这一步在调整的过程中可以随时看到图片的变化，当图片变成黑白分明（图 5-14）的状态即可确定；

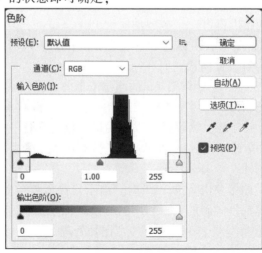

图 5-13　色阶调板

图 5-14 调整色阶中的滑块

第四，选择"魔棒"工具，将编辑栏中"连续"里的对号去掉（点选即可去掉），然后在图片中白色部分点击一下，这时候就把图片中所有白色内容选上了；

第五，当白色内容全都选上之后，点按键盘上的"Delete"键将白色删除（图 5-15，灰白相间的小方格表示透明），关闭背景后保存，保存格式为"PNG"格式（PNG 格式的特点是保留透明，因为我们需要一个透明底色的签名）。

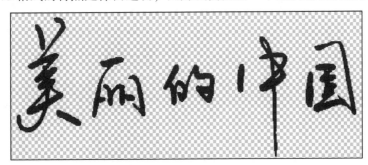

图 5-15 调整后的电子签名

这样一个标准而完美的电子签名就制作完成了（对比如图 5-16），你可以随时将自己的电子签名插入需要的地方。

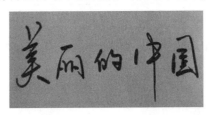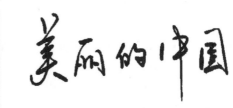

图 5-16 电子签名调整前后对比

三、音视频类资源建设

音视频类资源主要包括常见的 WAV 波形声音文件、MIDI 音乐文件、MP3 音乐文件、AVI 标准视频文件、MPEG 压缩视频文件、VCD 类视频文件以及 RM、AST 等流媒体视频文件等。

人们可以通过自己录制、专营店购买或专业网站下载等方式获取音视频类资源，除了自己录制外，大部分音视频类资源都是收费的，如 QQ 音乐、酷狗音乐等。对音视频类资源的处理涉及的软件很多，相对专业一些的软件是 Audition 和 Premiere，但操作起来比较复杂，需要很多的音乐或视频专业知识，所以目前大多实用主义者更愿意接受一些小的软件或 App，如爱剪辑、万彩动画大师、剪映、会声会影、暴风影音等。下面给大家推荐一个小巧的轻松录制音视频软件：EV 录屏。该软件最大的特点就是小巧精致，且操作简单快捷，支持本地录制与在线直播，广泛应用于企事业单位会议培训以及教师线上教学等方面。

如果只想录制的是网络中的音频资源，则先在"选择录制区域"中选择"不录制视频"，在"选择录制音频"中选择"仅系统声音"（如果想录制自己的声音或在会议中外界的声音则可选择仅麦克风）（图 5-17）。

图 5-17　利用 EV 录屏小软件录制网上音频

接着，打开想要录制的网页并播放，同时点击 EV 录屏中的录制按钮（即蓝色播放按钮），在录制过程中还可以利用 Ctrl+F2 随时停止。

最后，录制完的音频就完整地保存在指定路径下，并可以利用其他音频软件进行后续的编辑与处理。

如果教师想结合自己的教学课件录制成一段有自己讲解声音又有 PPT 教学展示的微课，则先在"选择录制区域"中选择"全屏录制"或"选区录制"，在

"选择录制音频"中选择"仅麦克风",然后就可以一边展示 PPT,一边进行讲解,EV 录屏软件的后台就把所需内容记录下来了。

第三节 信息技术与数据分析

提到信息技术,自然离不开数据分析。数据分析是指采取适当的统计分析方法对收集来的大量数据进行分析,通过汇总、理解、处理并消化,从而最大化地开发数据自身的功能,发挥数据的作用[6]。

一、数据分析的原理

数据分析是由"数据"和"分析"组成的,包括对所收集数据的加工和整理,同时也包括对数据的各种分析,从中提取相对有价值的信息,并最终形成对工作有实际指导意义或提供决策性帮助的结论。

(一) 数据分析的目的

数据分析的目的就是提炼信息[7]。之前我们详细研究过"数据"与"信息"的区别,当对数据赋予了一定的特征,具有一定指向性,呈现有用的内容时,就成为信息了。换言之,大量数据经过加工处理后所获得的有用的数据就是信息。而数据分析就是一个数据到信息的转换过程,通过转换,使数据真正成为有价值的信息,并帮助人们做出合理的判断,以便后续能够采取有效的措施和行动。

(二) 数据分析的类型

从统计学角度,数据分析可分为 3 种类型:描述性数据分析、探索性数据分析、验证性数据分析;从功能上又可将其分为 4 种类型:描述性数据分析、诊断性数据分析、预测性数据分析和指导性数据分析;还有的学者将数据分析分为定性数据分析、定量数据分析或者离线数据分析和在线数据分析等多种类型。从功能角度对数据分析类型的 4 种划分:

1. 描述性数据分析

描述性数据分析是最基础的一种数据分析,也是开展其他数据分析的前提。它只是对收集到的数据进行描述、统计,不做具体的判断和评价,一般以分析报告的形式出现。描述性数据分析主要是对客观事物各种特征中几个比较有代表性的数据进行描述,比较直观地展示并解释这些数据的变化规律,包括数据的集中趋势分析、数据的离散程度分析、数据的频数分析、数据的分布分析等[8](图5-18)。

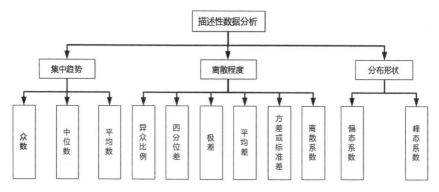

图 5-18　描述性数据分析的指标

给大家看几个典型的描述性数据分析结果，你就明白什么是描述性数据分析，这类分析的主要作用是什么了。

2022 年底，中国互联网络发展状况统计调查表明移动互联网的接入流量正在倍率式增长，而网民们平均每周在线时长也在逐渐提升。（图 5-19、图 5-20）

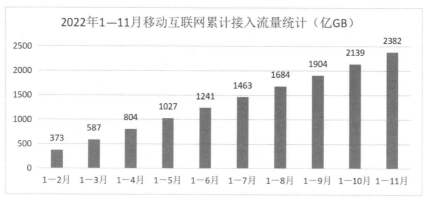

图 5-19　2022 年 1—11 月移动互联网累计接入流量统计

图 5-20　网民人均每周上网时长（小时）

图 5-19 与图 5-20 是对 2020—2022 年网民人均每周上网时长（小时）以及 2022 年 1—11 月移动互联网累计接入流量的统计数据展示，是对这一时段中相关事实的描述：为了生活和工作的方便，越来越多的人习惯于利用移动互联网处理相关事务，同时上网的时长也在不断增加。

2022 年 3 月，由于新冠疫情的暴发，几乎所有的线下教学都改为线上，因此学校学生成为网民中占比最高的人群。正常学生一周上课的时长一般在 20~24h，课余时间学生们也会利用 4~6h 通过移动互联网进行补充学习、娱乐休闲等社交活动，2020 年 3—7 月，学生们所有的课堂学习都改为线上，估算起来学生们的在线时长就由原来的 4~6h 突增为 24~30h，直接将统计分析中的数据拉高。随着疫情常态化以及线上教学、线上办公疲惫期后，移动互联网接入成为人们生活的一种常态，人们对移动互联网的需求也日渐提升，正如校园里流行的一句话：可以停水、停电，可以不吃不喝，但是不能断网。可见移动互联网已逐渐成为人们生活中的必需品。

2. 诊断性数据分析

诊断性数据分析从时间角度上讲指的是对过去已经发生的事情进行的分析，主要是为了深究事情发生的根本原因，以便为后续的预测与指导做好充分准备。诊断性数据分析是最有可能接近事实真相，最有机会获取数据核心内容的数据分析。在诊断性数据分析中，数据本身所表达出来的意义和数据的真实性非常重要，如果所收集的数据本身就是错误的，可想而知接下来所分析事情发生的原因必然也是没有事实根据的，对未来也就谈不上任何指导作用。所以说在进行诊断性数据分析之前，必须要做的一项工作就是去除冗余，也就是去掉数据中的异常值或者过滤掉噪声。例如对某初中初三学生进行问卷调查，并将调查结果作为特征选择，从而对他们的中考成绩结果进行分析。共收回有效问卷 111 份，主要收集了学生的教育背景、在校学习行为和学习习惯等数据（表 5-1）。

表 5-1　某初中初三学生调查问卷原始数据

序号	年龄	性别	父母学历	晚休时间	早起时间	实际睡眠时间	食用早餐情况	早餐种类	…
1	16	A	A	23	5	5	30	B	…
2	16	A	A	22	6	8	30	A	…
3	17	B	B	23	5.3	6	30	A	…
4	16	B	A	22	6	8	30	A	…
5	17	B	A	23	6	7	40	A	…
6	16	B	B	23	6	7	30	C	…
7	16	B	B	23	5	6	60	D	…
8	16	B	A	23	6	7	60	D	…
9	15	B	B	22	6	6	60	A	…
10	16	B	A	22	6	8	90	B	…
…	…	…	…	…	…	…	…	…	…

在对原始问卷进行粗略分析的时候就发现有的学生在答卷的时候确实是结合自己的生活学习实事求是，有的学生则是看旁边同学写什么就写什么，有的学生却是在衡量各个答案后选择最佳选项而非真实情况，有的学生则是答非所问。如果把这 111 份问卷数据全都用于数据分析的话，有些结果必然会存在问题，于是数据分析工程师便利用公式 5.1 和公式 5.2 对原始数据进行了预处理（去除冗余）：

$$Y = \frac{z}{X} \times 100 \tag{5.1}$$

其中，Y 表示数据处理的结果；z 表示频数，即一个题里选同一选项的学生人数；X 表示问卷总人数。

$$F = （Grade/总分110）\times 100 \tag{5.2}$$

其中，F 为数据处理结果；Grade 是根据对应 11 题所选的结果得到的分数。结果为正数，表示为前者风格，且值越大，表示程度越强烈；结果为负数，表示为后者风格，且值越小，表示程度越强烈。

接下来再将前面分析得出的特征选择加上这 111 名学生的真实中考成绩进行分析，包括英语成绩、政治成绩、生物成绩、数学成绩、政治成绩、历史成绩等，最终得出如下结论[9]（表 5-2～表 5-4）。

表 5-2　第 3 组最优最小特征子集

	D1	E1	H1	C2	E2	F2	H2	X2	X5
自变量	71 英语	71 政治	71 生物	72 数学	72 政治	72 历史	72 生物	性别	起床时间
	X6	X7	X8	X9	X11	X13	X14	X18	X19
自变量	睡眠时长	午睡时长	吃早餐情况	吃早餐种类	课外体育运动时长	课前预习情况	复习时长	视觉型/言语型	序列型/综合型

表 5-3　模型摘要表

模型	R	R^2	调整后R^2	标准估算的错误	R^2变化量	F 变化量	自由度 1	自由度 2	显著性F 变化量
1	0.928ᵃ	0.861	0.833	34.1991	0.861	31.592	17	87	0.000

注：预测变量（常量）：D1, E1, H1, C2, E2, F2, H2, X2, X5, X6, X7, X8, X9, X11, X13, X14, X18, X19
　　因变量：中考成绩

表 5-4　实验三 Res 实际值与预测值对比表

测试样本	中考成绩	预测值	差值（绝对值）	误差（%）
1	473.60	456.15	17.45	3.68
2	641.60	649.24	7.64	1.19

续表

测试样本	中考成绩	预测值	差值（绝对值）	误差（%）
3	591.00	576.36	14.64	2.48
4	475.70	468.42	7.28	1.53
5	606.80	575.81	30.99	5.11
6	534.00	531.01	2.99	0.56
平均值	—	—	13.50	2.42

3. 预测性数据分析

预测性数据分析主要是通过对所收集数据的建模、分析等，预测未来可能会发生的事情。也可以理解为在对样本数据进行描述性和诊断性分析的基础上，研究总体样本并推断出总体样本的特征。在预测性数据分析过程中，最重要的环节就是建立预测模型，将各种不一样的数据通过预测模型来完成，最终达到预测的目的。在诊断性数据分析中向大家提到的加入特征选择对初中学生中考成绩进行预测的实验，其实就是先利用诊断性数据分析去除数据冗余，然后根据有效数据构建多个预测模型，再通过多次多方实验对比实际值与预测值，找到最佳的预测模型。当确定最佳预测模型后，就可以将初一学生的各科成绩以及学生的学习行为习惯等数据带入最佳预测模型，从而预测出学生将来的中考成绩，再根据预测的中考成绩反过来干预教学、指导教学。

对于预测性数据分析，最典型的案例是谷歌对美国季节性流感的准确预测。2008 年 Google 通过分析 5000 万条用户的搜索日志（其中包括搜索关键词、用户搜索频率以及用户 IP 地址等信息）数据汇总，建立了一个特定的数学模型，其中自变量是同一地区与流感样疾病相关的检索词的检索频率。最终成功预测了2009 年冬季流感的传播。当美国疾病控制和预防中心（CDC）依据病毒学理论以及临床监测数据公布结果后，发现 Google 的模型预测结果与之相比相关系数竟高达 0.97。而最令人震惊的是，谷歌的预测报告比 CDC 的报告提前了 1~2 周[10]。

4. 指导性数据分析

指导性数据分析，顾名思义就是通过了解发生了什么事，这件事为什么会发生以及未来还可能发生什么事等情况进行详细分析，最终帮助用户决定到底应该采取什么样的措施来应对。指导性数据分析一般都是在经过描述性数据分析、诊断性数据分析和预测性数据分析之后才开始进行的分析操作，所以说指导性数据分析一般不会独立使用。

这里谈一下导航软件是如何进行指导性数据分析的。一天刘某从辽宁省建平县出发去往河北省承德市，全程 194.7km，行驶高速约 2.6h。出发当天，建平刚刚下了一场小雪，路面有些湿滑，开启中国北斗导航后，导航提示高速封闭，需绕行 101 国道，系统提供 3 个方案，最佳方案是全程 195km，用时 4.09h。可见，当刘某设定好出发地和目的地之后，系统会对两点之间的每一条路线都进行详细分析，分析按当时的时间和路况，每一条路线平均行驶的速度是多少，每条路线之间相差的距离和时间是多少，最终为用户选择一条最经济实惠的路线。这里说一个小小的插曲：当刘某行至三沟的时候，高速突然开通，于是刘某就从三沟驶入长深高速，随后导航便提示路线已更改，刘某看到导航中的显示也确实出现了高速路段，但到达目的地的时间却更长了，变为 4.20h。这是为什么呢？导航不应该出错呀？后行驶到平泉高速口，一排路障迫使所有车辆必须由平泉下高速，继续行驶 101 国道，原因是承德方向降雪较大，高速封闭。这时刘某才恍然大悟，导航的后台系统通过对当地天气情况的预测，分析出高速将会继续封闭，101 国道的路况也不如之前顺畅，因此在重新规划路线后，预测出新的时间。

针对这 4 种类型的数据分析，可以归纳为遇到一件事情并处理的全过程（图 5-21）：

指导性数据分析是对外表达发生了什么事，仅仅是表达一下事情发生的经过和内容，对事情发生的前因后果以及后续情况不做任何解释，更不发表任何观点；

诊断性数据分析是对外表达一下为什么会发生这样的事情，并对事情进行详细分析，清楚表明事情发生的具体原因；

预测性数据分析是对外表达一下还可能发生什么事情，当然这是在对前面发生事情的认真研究分析的基础上得出的预测性结论；

指导性数据分析则是对外表达下一步应该怎么去做，也就是给用户提供接下来的行动指南。

图 5-21   数据分析的 4 种类型

（三）数据分析的过程

数据分析的过程主要由识别需求、数据采集、数据存储、分析数据、数据表示、评价改进等 6 部分组成[11]。

1. 识别需求

识别需求是确保数据分析过程有效性的首要条件，可以为收集数据、分析数据提供清晰的目标[11]。也就是说，在进行数据分析之前必须明确自己的具体需求，通过数据分析想要获取什么样的信息，最终达到什么目的等。这个目标越明确越具体，最终给需求者带来的收获就越大。

2. 数据采集

数据采集是确保数据分析过程有效性的基础条件，在数据采集之前除了有一个明确的目标外，还要针对数据采集的方式、渠道、内容等进行合理策划，以保证采集到的数据是真实有效的。

3. 数据存储

数据存储是确保数据分析过程有效性的有力支持，这就像办案讲究证据一样，所有的证据必须收集好，同时更要保存好，以备随时提取和运用。特别是数据分析过程中更可能会频繁调用原始数据，一旦原始数据受损或遗失，都将造成不可挽回的严重后果。

4. 分析数据

分析数据是确保数据分析过程有效性的关键条件，数据分析就是分析数据，利用多种方法、渠道和多种软件得出理想的模型，获得有效的信息。

5. 数据表示

这里的数据表示不是计算机专业领域中的整数、字符和文件的转换，而是指数据分析后需要将分析结果通过分析报告、表格、图表等形式呈现出来，以便更为快捷方便地为用户提供后续研究分析的帮助及其他指导性意见。

6. 评价改进

数据分析是质量管理体系的基础，数据分析的有效性需经过客观评价并根据具体情况进行实时改进与修订。一个数据分析结果出来后，要对分析所采用的数据、信息的可靠性进行评价，如果提供决策的信息存在不足、失准、滞后等情况都会对分析结果的有效性造成影响；同时还要评价数据分析过程中所采用的方法是否合理，是否将风险等级控制在可接受的范围；等等。

二、数据分析的方法

明确需求，收集大量所需数据后就可以进行数据分析，数据分析往往会由于数据的复杂性而导致分析过程的烦琐，因此提到数据分析很多人都会望而却步，认为那是一项琐碎、复杂甚至无聊的工作。其实针对不同的需求目标，采取不同的数据分析方法，运用不同的数据分析技术，再配以科技感满满的先进数据分析工具，你会发现数据分析其实是一件简单而有意思的事情。

数据分析广泛应用于人们生活的各个领域，由于每个领域侧重点不一样，在进行数据分析的时候所采用的方法也不尽相同，这里通过几个案例给大家介绍几种比较大众化的方法：

（一）关联分析法

关联分析法在营销领域也被称为"购物篮分析法"[12]，主要是指通过对消费者购物的数据分析，将所购物品的数量、种类等属性特征关联在一起，分析消费者的购物习惯等，并从中找到对应关系，挖掘其中联系的分析方法。

例如发生在 20 世纪 90 年代美国沃尔玛超市的"啤酒与尿布"的故事。我们都知道超市里商品的摆放是有一定规律和分类的，一般情况下，食品摆放在食品区，而生活用品则摆放在生活区，但美国沃尔玛超市却把啤酒与婴儿使用的尿布放在相邻的货架上。这主要是因为美国家庭一般都是母亲在家照看婴儿，而由年轻的父亲去超市购买尿布。父亲在购买尿布的时候往往会顺便为自己购买一些啤酒，这就是为什么超市管理人员在对销售数据分析的时候发现啤酒和尿布往往同时出现在一张购物清单上的原因。正是因为发现了这两种产品之间的关联性，美国沃尔玛超市才把这两样看起来毫不相干的产品摆在相同的区域，这样消费者就会一次购买两样商品，大大提高了超市的销售额。这种体现关联分析的销售策略从表面上看是方便了顾客，其实最大的受益者是商家自身。

（二）对比分析法

对比分析法是指利用两组或两组以上的数据进行对比，通过对比来反映事物数量上的变化，从而挖掘出数据变化的规律。常见的对比方法有横向对比、纵向对比和目标对比。

横向对比指的是不同事物在同一时间维度上的对比，也可说是不同对象在同一层级的对比。例如，不同等级的用户在同一时间购买商品的价格对比，不同商品在同一时间的销量、利润率等的对比[13]（图 5-22）。

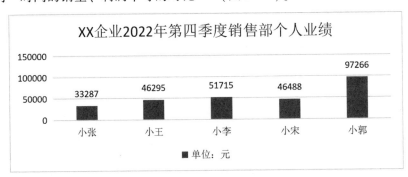

图 5-22　横向对比分析——同一时间不同人员业绩

纵向对比指的是同一事物在不同时间维度上的对比，也可说是同一对象在不同层次的对比。例如，本年度1月份销售额与上一年度1月份销售额的对比，本年度每月销售额分别与上一年度平均销售额的对比等[13]（图5-23）。

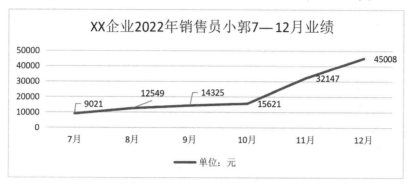

图 5-23　纵向对比分析——同一人员不同时间业绩

目标对比非常好理解，一般用于目标管理领域，主要指目标达成度、完成率等。例如《现代教育技术》课程教学过程中，事先设定好课程的4个目标，同时对应课程教学中的具体内容。最后对学生的最终成绩进行对应数据分析，得出教学目标达成度（表5-5、图5-24）。

表 5-5　《现代教育技术》课程教学目标

教学目标	考核内容	出勤及课堂表现	作业	实践	期末考试
		10%	10%	30%	50%
课程目标1	采取出勤与课堂表现考查	10	0	0	0
课程目标2	设计教学过程，提交教学设计方案的方式，结合具体作品进行表现性评价	0	10	0	0
课程目标3	主要提交多媒体教育资源设计与开发作品的方式，基于产品对该能力进行考查	0	0	30	0
课程目标4	期末考试进行综合测试	0	0	0	50

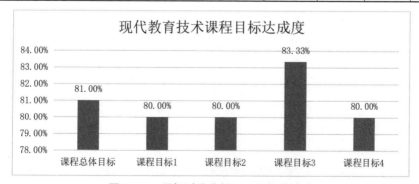

图 5-24　目标对比分析——目标达成度

（三）漏斗分析法

漏斗分析法又被称为流程分析法，主要目的是确定某个事件的关键节点后，专注并计算其他节点与关键节点之间的关系及成功概率（图5-25）。

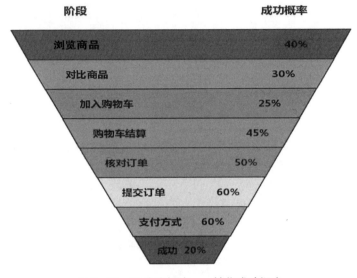

图 5-25　漏斗分析法——销售成功概率

例如网上购物的流程，一般要经过的节点是浏览商品、对比商品、加入购物车、购物车结算、核对订单、提交订单、支付方式、支付完成。在这些环节当中，每个环节的用户量呈漏斗状越来越少。

使用漏斗分析法，能使企事业单位更加关注各个节点的成功概率，从而加强各环节的监控与管理，当某个节点的成功概率发生异常时，能够及时有效且有针对性地优化流程，采取适当的措施来提升业务指标[13]。

（四）预测分析法

预测分析法主要是在分析当前数据的基础上，根据数据的变化规律对未来可能发生的变化趋势进行判断和预测。预测分析中常见的分析方法是时间序列预测。

时间序列，也叫时间数列、历史复数或动态数列。它是将某种统计指标的数值，按时间先后顺序排成一个数列，通过编制和分析这个时间序列，分析其反映出来的发展过程、方向和趋势，进行类推或延伸，借以预测下一段时间或以后若干年内可能达到的水平[14]。

预测分析应用相对广泛的领域是股票行业，大家是不是经常看到一些股票的走势分析等，其实都是利用时间序列所做的预测分析。例如中国软件这只股票，将其一年、1 个月、5 天等不同时间股价的具体数值排列成一个数列，绘制成趋势图，反映这只股票的发展过程、发展方向以及股价上涨还是下跌的趋势，以便对用户的选择与判断起到指导性作用（图 5-26）。

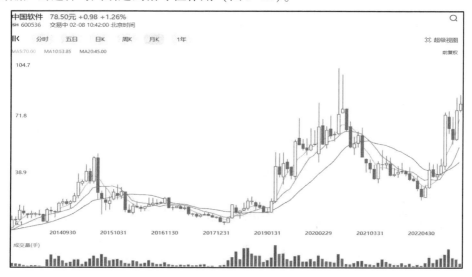

图 5-26　预测分析法——股票走势

（五）帕列托分析法

帕列托法则（也有音译为帕累托法则），也被称为 80/20 法则、关键少数法则、二八法则，是罗马尼亚管理学家约瑟夫·朱兰首次提出，并以意大利经济学家维尔弗雷多·帕列托的名字命名的[15]。帕列托从大量具体的事实中发现：社会上 20% 的人占有 80% 的社会财富，也就是说，"世界上 80% 的财富掌握在 20% 的富人手里"[16]。从数据分析角度来理解，就是通过对 20% 有效数据的研究分析，可以获得 80% 的效果。通俗地讲就是在数据分析过程中要把握关键，分清主次。帕列托法则最典型的案例就是购买彩票，无论体育彩票还是福利彩票，虽然只是 2 元钱一张，也吸引了无数人去购买，但真正中了 500 万大奖的寥寥无几，也就是说，100 个人去购买彩票，真正能获利的只有不足 20%，这就是二八法则。

帕列托法则一般应用于销售领域对产品的分类，所以有时也被称为 ABC 分类法。例如某商家共有 100 类商品，经过调查分析发现其中 10 类商品的销售额占销售总额的 70%，20 类商品的销售额占销售总额的 20%，还有 70 类商品的销售额仅占销售总额的 10%。这样就可以把这 100 类产品进行一个简单的分类：70% 的为 A 类，20% 的为 B 类，10% 的为 C 类，这样分类的目的是为了给商家提供一个意见和策略，让商家把以后管理经营的重点放在 A 类商品上，虽然 A 类商品的数量较少，但给商家带来的财富和效益却最高，对于 C 类商品可以分配较少的资源甚至直接取消，这样就能够真正实现效益的最大化，使资源管理达到最优状态。

（六）聚类分析法

聚类分析法属于描述性数据分析方法，所谓聚类就是将大量数据或者样本根据其自身的特性研究具体的分类方法，并按照这个分类方法对所有的数据进行合理分类，最终将相似度较高的数据分为一组，也就是俗话所说的"物以类聚"。

聚类不是分类，它们之间有着本质上的差异。分类是有既定标准和程序的，而聚类则没有事先设定的分类标准，也没有预期的分类数量，而是根据样本数据的实际特征自动进行分类，也就是说聚类的目的是找出数据中潜在的差异和联系。

例如，对学生成绩进行评价的时候，有一种评价方法叫等级制：首先制定一个分类方法：70>成绩≥60 为及格；80>成绩≥70 为中等；90>成绩≥80 为良好；成绩≥90 为优秀。接下来就按这个标准对学生的总成绩进行划分，这就是分类。但如果我们事先不设定标准，没有优、良等级标准，而是通过算法来判断学生各科成绩之间的相似性，再把相似的数据放在一起，这样的操作就是聚类。

第四节　本章小结

本章主要介绍的是信息技术在实际工作生活中的具体应用，包括资源建设与数据分析等。

信息技术中最基础的能力就是获取信息、处理信息的能力，我们也可以将其称为获取资源的能力。

网络信息资源的检索方法是获取资源的前提，常见的检索方法有 4 种：搜索引擎法、权威网站法、专业导航法和全文检索法。其中搜索引擎法应用最为广泛，而且很多搜索引擎平台不仅可以搜索网页、资讯、音视频、图片、文档，还能实现导航、营销、技术开发、社区服务等更多更全面的功能，同时搜索的结果也由原来的静止界面提升为更为形象的动画效果。例如：在百度搜索栏中输入"黑洞"，点击"百度一下"后，不仅能够显示出关于"黑洞"的大量信息，同时在屏幕的中间还会出现一个"黑洞"形象的逼真动画，给人以身临其境的感受；如果在搜索栏中输入"打雷""海边""布谷鸟"，点击"百度一下"后，打开音响，就会听见打雷的声音、海浪的声音和布谷鸟的声音。

图文类与音视频类资源的获取与建设也可以通过搜索引擎操作，但更多的是利用相关软件，如果大家对此感兴趣的话，可以查阅相关专业书籍。

信息技术的一个重要应用领域就是数据分析，数据分析是依托大数据技术迅速发展起来的。数据分析的目的就是对所收集数据的加工和整理，同时也包括对数据的各种分析，从中提取相对有价值的信息，并最终形成对工作有实际指导意义或提供决策性帮助的结论。

数据分析从功能角度可分为描述性数据分析、诊断性数据分析、预测性数据分析和指导性数据分析 4 类，主要表达的是对事物的整体分析：发生了什么事、为什么会发生这样的事情、还可能发生什么事情、下一步应该怎么去做。

数据分析的方法很多，如关联分析法、对比分析法、漏斗分析法、预测分析法、帕列托分析法、聚类分析法等。

参考文献

[1] 习近平. 高举中国特色社会主义伟大旗帜为全面建设社会主义现代化国家而团结奋斗——在中国共产党第二十次全国代表大会上的报告 [R]. 新华社北京 2022 年 10 月 25 日电.

[2] 国务院. 关于全面深化新时代教师队伍建设改革的意见. 2018-01-20.

[3] 国务院. 中华人民共和国国民经济和社会发展第十四个五年规划和 2035 年远景目标纲要. 2021-03-12.

[4] 教育部等六部门. 关于推进教育新型基础设施建设构建高质量教育支撑体系的指导意见 教科信〔2021〕2 号. 2021-07-08.

[5] 教育部等八部门. 新时代基础教育强师计划 教师〔2022〕6 号. 2022-04-11.

[6]《数据库百科全书》编委会. 数据库百科全书 [M]. 上海：上海交通大学出版社，2009.

[7] 陶皖. 云计算与大数据 [M]. 西安：西安电子科技大学出版社，2017.

[8] 乔·门德斯·莫雷拉，安德烈·卡瓦略，托马斯·霍瓦斯. 数据分析——统计、描述、预测与应用 [M]. 吴常玉，译. 北京：清华大学出版社，2021.

[9] 徐杰，郭海玲. 数据分析方法 [M]. 北京：科学出版社，2022.

[10] 刘晓雲. 基于数据挖掘的中学生成绩预测研究 [D]. 锦州：渤海大学，2021.

[11] 薛永红. 基于两个经典案例的分析两类"大数据"的区分 [J]. 数据，2021（06）：48-49

[12] 赵凯，李玮瑶. 大数据与云计算技术漫谈 [M]. 北京：光明日报出版社，2016.

[13] 王德兴，等. 改进购物篮分析的关联规则挖掘算法 [J]. 重庆大学学报（自然科学版），2006（04）：105-107，141.

[14] 艾辉. 机器学习测试入门与实践 [M]. 北京：人民邮电出版社，2020.

［15］ Bloomfield, Fourier analysis of time series ［M］. An introduction. New York: Wiley, 1976.

［16］ 理查德·科克. 帕累托 80 20 效率法则 ［M］. 李汉昭, 编译. 北京: 海潮出版社, 2001.

［17］ 克里斯·安德森. 长尾理论 ［M］. 乔江涛, 译. 北京: 中信出版社, 2006.